JUMBO
WORD
SEARCH
BIBLE
EDITION

by Patrick Merrell

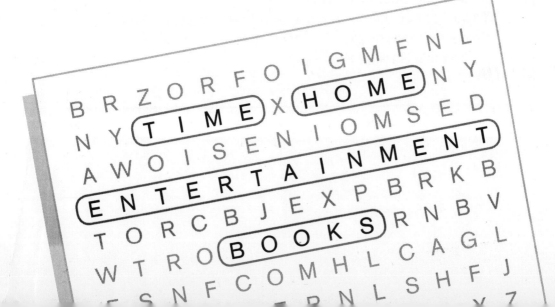

WELCOME

Has there ever been a book to match the Bible? No. It's the most read, most revered, and most inspirational book of all time.

So what better subject could there be for a word search book— God's words used to entertain the mind and enrich the soul, both at the same time? None, if you ask us.

You'll find eight types of puzzles in the pages that follow:

Regular Search: Bible and Christian-themed puzzles
Scripture Search: words from specific verses, cited
    for further reading
Jumbo Search: bigger-sized puzzles
One-Word Search: look for just one word
Clue Search: answer the clues, then find the words
Psalms Search: a twisting trail spells out a passage
    from the Book of Psalms
Trivia Search: the uncircled letters spell out a Bible fact
Proverbs Search: a twisting trail spells out a passage
    from the Book of Proverbs

Solving option: If you prefer solving just one puzzle a day, the book follows a seven-puzzle cycle that includes three regular puzzles, three scripture puzzles, and a larger puzzle on the seventh day. But you may find it difficult to stop at just one puzzle!

For practicality's sake, we've used the King James Version, but if the words or spellings are different in your Bible, all the better. After all, God's love knows no language.

How to solve: Circle each answer as you find it in the grid, then cross that word off the list.

Look for words reading in a straight line forward, backward, up, down, and diagonally in all four directions. A letter or letters can be shared by two or more words. Additional instructions for the puzzle variations are included at the beginning of those sections.

And lastly, remember the *Jumbo Word Search: Bible Edition* commandment: (Thou shalt have fun!)

THE PUZZLES

Listed by puzzle number
"Scripture puzzles in quotes"

1 God
2 "In the Beginning"
3 Bodies of Water
4 "God Planted a Garden"
5 "I Will Give You Rest"
6 Bible Locales
7 **Jumbo:**
The Birth of Christ
8 Jesus
9 "Charity Never Faileth"
10 "My Commandments"
11 M Men
12 "With Wings as Eagles"
13 Holy ___
One-Word:
14–21
22 "A Flood of Waters"
23 Biblical Words
24 Heaven
25 "By Faith"
26 "I Can Do All Things"
27 Mount ___
28 **Jumbo:**
Moses
29 *Rock of Ages*
30 "Everlasting Life"
31 "He Will Not Fail Thee"
32 Parts of a Church
33 "Call unto Me"
34 Foods of the Bible

40 "The Waters Were Divided"
41 Angels
42 The Church Year
43 "It Is More Blessed"
44 "Our Father"
45 Bible Creatures
46 **Jumbo:**
Just Once
47 The Last Supper
48 "The Earth Abideth"
49 "The Whole Armour of God"
50 Miracles
51 Sunday School
52 "Green Before the Sun"
One-Word:
53–60
61 Easter
62 "Be Not Afraid"
63 "Sanctify the Lord"
64 Parables
65 Actors Who Played Jesus
66 "Wild Grapes"
67 **Jumbo:**
The Good Christian
68 Christmas
69 "Perilous Times"
70 In Hymns
71 "The Den of Lions"
72 "Earnestly Contend"
73 Let Us Pray

CLUE SEARCH
35 Who Is It?
36 Finish the Phrase
37 On the Map
38 Scrambled Books
39 Ye

PSALMS SEARCH
74–87
14 puzzles

4

88 "Water That Was Made Wine"
89 Church Service
90 Helping Others
91 "Walk in His Ways"
92 "The Virgin's Name Was Mary"
93 Mary
94 **Jumbo:**
The Sermon on the Mount
95 Biblical Romans
96 "Perfect Peace"
97 Versions of the Bible
98 "We Should Not Serve Sin"
99 "Sweet Is Thy Voice"
100 Double LeTTers
One-Word:
101–108
109 "The Door of the Sheep"
110 Religion
111 "Delilah Said unto Samson"
112 1,000 Times
113 "His Great Love"
114 Prophecies
115 **Jumbo:**
Men Saints
116 "What Is a Man Profited"
117 The Holy Bible
118 "Sacrifice and Offering"
119 The Lord's Life
120 *Ben-Hur: A Tale of the Christ*
121 "Manifest in Our Body"

134 "Goliath, of Gath"
135 Music in the Bible
136 Things in a Church
137 "I Am the Way"
138 "It Is Manna"
139 Biblical Words II
140 **Jumbo:**
Kings in the Bible
141 Jonah
142 "The Wall Fell Down"
143 With E's
144 The Beatitudes (scripture)
145 "And the Child Grew"
146 Biblical Props
One-Word:
147-154
155 "He Was Baptized"
156 Biblical Roles A-L
157 Biblical Roles M-Z
158 "The Lord's Passover"
159 "Rise Up and Walk"
160 Christian ___
161 **Jumbo:**
Good…and…Bad
162 Foods of the Bible II
163 "Make an Offering"
164 Abraham
165 "Under the Law"
166 What They Wore
167 "Christ Is All"

182 "A Vineyard"
183 John the Baptist
184 Church ___
185 "The Lord Is My Rock"
186 Clergy
187 "Tempted of the Devil"
188 **Jumbo:**
Women Saints
189 "The Price of Wisdom"
190 Mary Magdalene
191 "After the Spirit"
192 Symbols
193 Worship
194 "The Lord's Mercies"
One-Word:
195-202
203 "Coat of Many Colours"
204 House of Worship
205 "The Coppersmith"
206 ___ of God
207 "Behold a Ladder"
208 Solomon
209 **Jumbo:**
Resurrection
210 A People
211 "To Sow His Seed"
212 "Ye Shall Be Holy"
213 Bible Creatures II
214 *Amazing Grace*
215 "Surely I Come Quickly"

TRIVIA SEARCH 122–133
12 puzzles

PROVERBS SEARCH 168–181
14 puzzles

ANSWERS
page 214

```
E  J  C  N  V  N  I  I  N  E  T  R
E  M  E  R  P  U  S  E  Y  U  R  K
O  Q  A  I  E  Z  V  A  F  N  I  H
M  O  L  K  R  A  L  L  F  N  N  I
N  S  L  Q  E  A  T  Q  G  I  I  M
I  R  S  H  N  R  C  O  K  V  T  M
S  E  E  R  I  Z  F  V  R  A  Y  O
C  H  E  M  V  K  E  Q  U  K  T  R
I  T  I  R  I  P  S  Y  L  O  H  T
E  A  N  N  D  R  O  E  V  O  B  A
N  F  G  O  O  D  N  E  S  S  R  L
T  S  W  O  E  L  E  Y  T  I  E  D
```

God

ABOVE	FATHER	LORD
ALL-SEEING	GOODNESS	MAKER
CREATOR	HEAVEN	OMNISCIENT
DEITY	HOLY SPIRIT	ONE
DIVINE	IMMORTAL	SUPREME
ETERNAL	KING OF KINGS	TRINITY

2

```
Q F E H C E S P V H F E
G L S R A T S C T Z D Q
H I X R K X W A N E E U
F J T C N E V A E H T E
E H W A T E R S M S A G
M Q S S E N K R A D E E
G F S M R L A G M I R N
V O A E I P W V R L C E
M A Q F L C V O I A I S
B T E P B A P G F N S I
U I C U U M H Y A D Z S
D V M Y Y T T W T C W C
```

"In the Beginning"

CREATED
DARKNESS
DAY
EARTH
FIRMAMENT
FISH

FOWL
GENESIS
GRASS
HEAVEN
LAND
LIFE

LIGHT
SEAS
SEED
STARS
WATERS
WHALE

3

```
S H T I R E H C S P A T
C L F P U M A R A H L I
T H G I H O N P L A C B
B M E R P O A E T R H E
W J A B B O K U S P I R
B N N Y A E I P E A N I
A R A N D R S H A R N A
N O R D I K H R G Z E S
A O I O R L O A Z S R U
B H S Q R O N T D O E Q
A H I I R S J E I M T U
S P E M P A R S H Q H S
```

Bodies of Water

ABANA
CHEBAR
CHERITH
CHINNERETH
EUPHRATES
GIHON

HIDDEKEL
JABBOK
JORDAN
KANAH
KIDRON
KISHON

MARAH
PHARPAR
PISON
RED SEA
SALT SEA
TIBERIAS

```
K D E K A N N O H Z B P
N E T A E E R T K N B Z
I S O W O D V T N F M H
D R A W T S A E O I B Z
O U T L H K D V W G L B
O C N X E D P I L L C I
G A E X I R Q L E E H R
F F P B U D M A D A I J
S D R O W S S F G V Z J
L O E U V T C Q E E L H
F E S Y I Z B R V S I W
K P U O L T G R Q R X F
```

"God Planted a Garden"

ADAM	FIG LEAVES	RIB
CURSED	FORBIDDEN	RIVER
EASTWARD	FRUIT	SERPENT
EATEN	GOOD	SWORD
EVE	KNOWLEDGE	TAKE
EVIL	NAKED	TREE

```
T E K Y D E N R U O M P
S G C U X E C D H F L U
H E A R D L D N C H H X
T N D E K O Y N A H R F
O E E U N V V M E D M E
L R E H T O N A R F R L
C A A B L I N D P Q F L
K T S I A V T I H Z Q O
C I W H M S P L U J I W
A O Y B E E Q M U H O S
S N A W D S N K U M N Z
S D D E P A R T E D K G
```

"I Will Give You Rest"

ANOTHER	GENERATION	PIPED
ASHES	HEARD	PREACH
BLIND	LAME	RAIMENT
DANCE	MOURNED	REED
DEPARTED	MULTITUDES	SACKCLOTH
FELLOWS	OFFENDED	YOKE

6

```
S Q W O N N J Y V V H I
A T B M S U C S A M A D
M F Z I D A O R I H P O
A B N E G D J O R D A N
R A A L O U U C Y K A A
I L I M M H I B G Z H A
A R Z N O L Y B A B E N
O H C I R E J R L B V A
O Q N N R R E M I C E C
S U O J A T N Q L D N L
W G O S H E N H E M I J
I H I A W M W N E F N L
```

Bible Locales

BABEL   GOMORRAH   NINEVEH
BABYLON   GOSHEN   NOD
CANAAN   JERICHO   OPHIR
DAMASCUS   JORDAN   SAMARIA
EDEN   JUDEA   SINAI
GALILEE   NAZARETH   SODOM

The Birth of Christ

Matthew 2; Luke 2

BABE	KING OF THE JEWS
BEHOLD	MANGER
BETHLEHEM	MARY
CHIEF PRIESTS	MYRRH
COUNTRY	PROPHET
DEPARTED	RULE
DILIGENTLY	SCRIBES
DREAM	SEARCH
EAST	STAR
FRANKINCENSE	SWADDLING
GOLD	TIDINGS
GOOD WILL	TREASURES
GREAT JOY	WHAT TIME
HEROD	WHERE
IT IS WRITTEN	WISE MEN
JUDEA	YOUNG CHILD

```
C T B E T H L E H E M N I X E
S Z X S M R M T B H C A N J R
J F R B N W H A T T I M E A W
C R D B S E R U S A E R T R O
H T A K C S E A R C H S T A D
D B Y S T S E I R P F E I H C
E C Y L W D Y O J T A E R G T
T Z E R T U L K I Y U X W O I
R S F R A N K I N C E N S E D
A K U E E M E N H E H C I A I
P L G G D H S G X C M X T S N
E A O N U R W O I D G E I T G
D L O A J R A F Y L S N S Y S
D K D M L Y D T R O I S U I C
R G W U A M D H O H U D Q O W
C R I M M Y L E W E K K U M Y
S M L X H P I J S B W N J K N
D D L Z M G N E L F T N Y A O
P X L R T P G W P R O P H E T
R S E B I R C S Y B N M B Q Z
```

8

```
R  I  M  M  A  C  U  L  A  T  E  X
Y  R  T  S  I  N  I  M  P  C  M  B
R  E  T  N  E  P  R  A  C  R  M  H
T  H  E  W  A  Y  L  Q  T  U  A  G
S  C  T  E  T  A  N  R  A  C  N  I
F  A  M  E  S  S  I  A  H  I  U  I
R  E  M  E  E  D  E  R  M  F  E  E
W  T  P  A  S  S  I  O  N  I  L  M
R  O  I  V  A  S  C  K  Z  X  H  C
G  T  H  E  T  R  U  T  H  I  X  M
P  L  A  D  O  G  F  O  N  O  S  M
U  S  A  L  V  A  T  I  O  N  A  X
```

Jesus

CARPENTER	IMMACULATE	SALVATION
CHRIST	INCARNATE	SAVIOR
COMING	MESSIAH	SON OF GOD
CRUCIFIXION	MINISTRY	TEACHER
EMMANUEL	PASSION	THE TRUTH
HIM	REDEEMER	THE WAY

```
O  I  T  H  O  U  G  H  T  I  A  F
M  E  G  D  E  L  W  O  N  K  T  E
H  G  R  E  A  T  E  S  T  F  I  G
L  M  Y  S  T  E  R  I  E  S  N  L
L  H  S  I  D  L  I  H  C  H  K  K
F  A  C  E  B  E  T  S  I  Y  L  S
I  I  B  D  U  E  K  C  L  P  I  O
C  H  K  M  R  G  S  O  C  D  N  E
K  Q  O  U  Y  C  N  T  V  O  G  S
Y  G  D  P  P  C  O  O  O  O  G  C
U  N  S  E  E  M  L  Y  T  W  R  V
E  H  E  X  P  U  D  E  F  F  U  P
```

"Charity Never Faileth"

BESTOW	GIFT	PROVOKED
CHILDISH	GLASS	PUFFED UP
CYMBAL	GREATEST	THOUGHT
ENDURETH	HOPE	TINKLING
FACE	KNOWLEDGE	TONGUES
FAITH	MYSTERIES	UNSEEMLY

```
C G H T L I O D F Z E X
T O N T L A H S R L U H
O L M J N L I Z R D G H
X F L M L A R U O N O H
I S A I I E U T W S L T
E Q S C K T O N W U A A
G K H E E S B S B O C B
M H A V N W H R I L E B
W J O P E T G N G A D A
N C Q D S C I H T E I S
P P O E S A E W L J F T
J G R A V E N I M A G E
```

"My Commandments"

COMMIT	HONOUR	SABBATH
COVET	JEALOUS	SHALT NOT
DECALOGUE	KILL	SPAKE
ETHICS	LIKENESS	STEAL
GOD	NEIGHBOUR	VAIN
GRAVEN IMAGE	REST	WITNESS

```
M P C T N P C K F X B A
J M G O G A M A R C U S
M E T H U S E L A H S X
A I H Z J S R N S Y P O
T H A Z Z I M I C A H M
T C H C H M H L N G A A
H O C C E C D M A H O L
I A A D L D M C H P N L
A M A E H D R A S K A U
S D M A A T H O E L M C
D T Y J D E R E M B G H
U X A N N J H P M H V H
```

M Men

MAACHAH   MANOAH   MERED
MAATH   MAOCH   MESHA
MACHIR   MARCUS   METHUSELAH
MAGOG   MATTHIAS   MICAH
MAHOL   MEDAD   MIZZAH
MALLUCH   MELCHISHUA MORDECAI

```
Y P I Y D P P M E Q M R
W E N E R P V A Y G P S
I O F L P R E P A R E U
O P L L U R S O W N H H
S L S A O M B N H F T A
V E W V B W E N G E U N
I L X K O X E U I E O D
S B D Z D I A R H D M L
M U L Y J K C O L F G O
C O M F O R T E C Z O H
W D D X W D E T L A X E
T N K V V P C D E I A B
```

"With Wings as Eagles"

BEHOLD	FLOCK	PREPARE
COMFORT	FLOWER	RENEW
CRIETH	HAND	RUN
DOUBLE	HIGHWAY	SOWN
EXALTED	MOUTH	VALLEY
FEED	PEOPLE	VOICE

13

```
R R T I M K N O S R E P
E R U T P I R C S L N N
D B C R O S S H B O A C
R L N I E B Y I I Z Y R
O G H O S T B L J H C E
R Z M Q I I A D I C Y H
I Z E C R N I W S M K T
F C G K D B U S I O A A
A G C R P H O M A Y K F
S X J S A C R A M E N T
Z U T I R I P S A O X Y
X D S T V E L V N G C Q
```

Holy ___

BIBLE	FATHER	ORDER
CHILD	GHOST	PERSON
CITY	GRAIL	SACRAMENT
COMMUNION	LAND	SCRIPTURE
CROSS	MAN	SPIRIT
FAMILY	OIL	WATER

One-Word Search

All you have to do is find one word. Easy, right? Try it and see.

14 Find: **JESUS**

```
E U E E U J U
J E J E U E U
U S S J S J U
J S U S E E E
E J U S J J U
S J U J J E U
E S S U E U U
```

15 Find: **MARY**

```
R A R R A R M
M M R A A M A
A A A Y R R R
M R A Y R A M
M M A A R Y R
R A A Y A A M
R Y Y M Y Y A
```

16 Find: **LORD**

```
L D O R R L R
D L R L R R L
D L D L D R D
O L O R O D D
D R L O L O D
D O O L D O L
L R D R D R D
```

17 Find: **GOD**

```
O D D O O G G
O G G D O D O
G D D O O D G
D O G O O D O
O O G D D G G
O G D D G G D
D D G O O O O
```

18 Find: **FRUIT**

```
F R U U U F F
R R I U T T F
I R R I I F R
U I I U F T U
U T F U T I I
U R I F I F T
F T T R R I I
```

19 Find: **ADAM**

```
D M A A D A D
D D A D A D D
D D A A D M D
A M D M A D D
M D A M D A D
A M A D D M M
A M D D M D A
```

20 Find: **EDEN**

```
D E N D E N D
N N E D N N E
D D N D D E D
D E D N E N N
E E D N E D D
D N D E N D N
E E E E N D N
```

21 Find: **TREE**

```
T E T T R E R
T R T T E T E
R E E E R E R
R E E E T T R
E T R T R E R
T R E R T R R
E T R E T E R
```

21

```
Y L P I T L U M W N X B
T S M K S T A R A R A T
R L D H N H S E V I W W
O A E F A E L E V I L O
F M L R N O J M C J Y A
F I U B Y A U K R A I N
N N G O P H E R W O O D
E A E H L D T K G A O T
E J E X N G I H H V F W
R T N E A T B H E B P O
H L S I X H U N D R E D
L S O M P O C W U F I P
```

"A Flood of Waters"

ANIMALS   GOPHER WOOD   RAIN
ARARAT   HAM   SHEM
CUBIT   JAPHETH   SIX HUNDRED
DELUGE   MULTIPLY   TWO AND TWO
DOVE   NOAH   WICKEDNESS
FORTY   OLIVE LEAF   WIVES

```
H N N O C O V E T R N C
A O E W T M M J N H O O
W J A K K L T V E I E M
P D A H R S A U S A H E
T C N M Y A G A V E S T
K Y R V N B E T R O T H
C D L O H E B H B H T A
A O Y M E G Z E T E G T
T T M L K U J O O I H H
C H D Z H Y R G A F A A
S S Y N W W I T L A H S
A T R I P N E P U O H T
```

Biblical Words

BEGAT   GAVEST   SHALT
BEHOLD   GOETH   THEE
BETROTH   HAST   THINE
COMETH   HATH   THOU
COVET   HEARKEN   THY
DOTH   SAITH   WROTH

```
F G F T L O T F E M J B
T O D R A W Y K S O P S
K I N G D O M S O E S X
D P E N T E R K A H S F
J A C E S I R R F G F W
W R S V L R L O T I T P
C A N O E Y V W E H A N
L D A B G Z Z D R Y C O
O I R A N J L O L W C Y
U S T D A H N O I I E G
D E W E D E H G F W P B
S T L A N R E T E P T S
```

Heaven

ABOVE
ACCEPT
AFTERLIFE
ANGELS
CLOUDS
ENTER

ETERNAL
GOOD WORKS
HIGH
HOLY
KINGDOM
PARADISE

PEARLY GATES
RISE
SKYWARD
ST. PETER
THRONE
TRANSCEND

```
L W D E H C N E U Q D D
D Y I E R E D R A W E R
D N L X M N N U D M Y U
E O I F A A H G E C E E
N M G S C G R I T E B C
R I E H A J T F A M O N
U T N O I T C I L F F A
O S T R U W S W S U H T
J E L E V I D E N C E S
O T Y U Y L N I A L P B
S E N O B O T F R E R U
E L C S G N I H T W Q S
```

"By Faith"

AFFLICTION	HEIR	SHORE
BONES	OBEYED	SOJOURNED
DILIGENTLY	PLAINLY	SUBSTANCE
EVIDENCE	QUENCHED	TESTIMONY
FIGURE	REWARDER	THINGS
FRAMED	SAND	TRANSLATED

```
D X J B D R A E H S T Z
E S T R E N G T H E N S
H A N E E N U B S R A E
S C R T Y C L O K U W E
I T A H J O E S B P J N
R D S R V T H I G A P W
U N E E E S O J V S L O
O Y L N U F H J I E X R
L Y F O R Q U F R H D C
F H T B C A E L T C A D
U C S T A T E R U I A K
A Y N L G A O L E R Q K
```

"I Can Do All Things"

ABOUND	JUST	RICHES
BRETHREN	LEARNED	SEEN
CAREFUL	LOVELY	STATE
CROWN	PURE	STRENGTHENS
FLOURISHED	RECEIVED	VIRTUE
HEARD	REQUESTS	WANT

```
O  J  R  A  H  P  E  S  D  F  D  Q
F  B  F  I  H  Y  H  A  L  A  K  Q
V  T  I  N  E  D  A  E  L  I  G  D
A  V  A  E  R  S  I  B  E  R  O  H
O  M  N  B  M  I  R  A  B  A  B  W
B  B  I  O  O  F  O  L  I  V  E  S
L  V  S  Z  N  R  M  Y  V  J  T  K
I  E  J  F  I  H  X  H  S  V  H  U
G  E  M  S  Z  R  E  V  M  M  E  E
M  I  A  R  H  P  E  A  S  J  L  Q
A  G  N  X  A  S  L  G  N  E  H  E
P  U  Z  G  E  C  I  V  S  O  O  U
```

Mount ___

ABARIM
BETHEL
CARMEL
EBAL
EPHRAIM
GERIZIM

GILBOA
GILEAD
HALAK
HERMON
HOREB
MORIAH

NEBO
OF OLIVES
SEIR
SEPHAR
SINAI
TABOR

Moses

ARK	MILK AND HONEY
BLOOD	MOAB
BONDAGE	MOUNT SINAI
BORROW	NEBO
BULRUSHES	NUMBERED
BURNING BUSH	PASSOVER
CANDLESTICK	PHARAOH
COMMANDMENTS	PLAGUES
COVENANT	ROD
DIVIDED SEA	SERPENT
EGYPT	SIGNS
EXODUS	SPOKESMAN
FIRSTBORN	TABERNACLE
I AM THAT I AM	TABLES OF STONE
ISRAELITES	TWELVE PILLARS
LAMB	ZIPPORAH

```
V T P Y G E X O D U S D C B U
Q M I L K A N D H O N E Y O D
O P R E V O S S A P G P P C B
Q N L G U G D O R M I B M A L
A M T A B L E S O F S T O N E
E A R D G B N U P Q R M S D S
S K P N Q U N V P O A G O L N
D C A O L T E H I M L O W E A
E O S B S A B S Z C L Q N S M
D M X I H B O B O B I H R T S
I M N L O E O V S U P R O I E
V A L N A R E R Y R E C B C K
I N U I R N X R M N V K T K O
D D F O A A P Z L I L H S Z P
E M W N H C Z O T N E P R E S
P E T X P L Z T V G W X I B C
S N U M B E R E D B T R F R O
G T S E H S U R L U B A M X Z
I S R A E L I T E S X P T J F
D J R U M A I T A H T M A I U
```

```
J U F W X T H C R H F Q
Y X E M R O F T F E L C
P L Q Z E D E M A N D S
N Y F I I I N P N E D P
A M V N D L O E W C R D
Y Y R D I I R E O A E B
J H X E R A H H N R S R
L A W A O D T T K G S I
E N O T A T O N N C W N
R D K H W M I I U H J G
U S N E N O L A U O H T
C S C V E C K W O L F U
```

Rock of Ages

BREATH	DRESS	MY HANDS
BRING	FLOW	NOT ATONE
CLEFT FOR ME	FOUNTAIN FLY	OR I DIE
CLING	GRACE	THOU ALONE
CURE	IN DEATH	THRONE
DEMANDS	IN THEE	UNKNOWN

These are words and phrases from the hymn *Rock of Ages*.

```
Z N I A G A N R O B P O
O N S Y S K Z W A B E H
B M R N T C I V E J R W
M E A I G N E L U H I F
A D E C D K I N K L S H
N N L O M E J Y D H H C
I O T D V C V E B E U S
F C S E O V R O E T D I
E L T M U N F B R E Q B
S H E U E V Z K E P B B
T T D S A V E D C D E A
H N S W H O S O E V E R
```

"Everlasting Life"

ASCENDED	FLESH	REPROVED
BELIEVETH	ISRAEL	SAVED
BORN AGAIN	MANIFEST	SON
COMETH	NICODEMUS	WHOSOEVER
CONDEMN	PERISH	WILDERNESS
DEEDS	RABBI	WIND

```
G W A X E N M E C C M S
A N V V E R M G L U K X
T W I W G O Y A O L P E
H R P D A W A T U H F C
E O W T R S R E D L E E
R T I H U O D S I T A L
W E M G O Z C K S G R G
X K W I C V U C M O N D
H A W S N O I T A N O O
F P I L L A R Y Y V T O
S S E L C A N R E B A T
S K V R C R J R D F D S
```

"He Will Not Fail Thee"

ACCORDING	GATES	SPAKE
CLOUD	GATHER	STOOD
COURAGE	NATIONS	SWORN
DISMAYED	OVER	TABERNACLES
ELDERS	PILLAR	WAXEN
FEAR NOT	SIGHT	WROTE

```
J R O S A C R I S T Y Z
B B S E P L P Z H M Z F
X L S W V L T Q W W U B
E X L E R A W A D H S C
H L T P E S N A R T H N
T W Y R A U T C N A S P
R E R E D O S O N P I U
A B E L F R Y C W S C L
N P Z S T E E P L E O P
X L R I P L T N O F R I
G K L A K A X B T J Q T
G H K Q C D I M U L K S
```

Parts of a Church

AISLE	LOFT	REREDOS
ALTAR	NARTHEX	SACRISTY
APSE	NAVE	SANCTUARY
BELFRY	PEW	STEEPLE
CHANCEL	PULPIT	TOWER
FONT	RAIL	TRANSEPT

```
E B E S J T Z S O L G F
D B H D H K E H T Z O I
N X U R Y S D B R N N F
O B O Q N N U H U K V I
C N U A E I C E O R I G
E M E G L N O A C X N H
S L Z D A F V L D M O T
C X B R E G E T C O S D
W O B M V Q N H V U I O
H O U S E S A W A N R Q
J N F W R R N J L T P E
I N I Q U I T I E S G G
```

"Call unto Me"

BRANCH	CURE	PRISON
BUILD	FIGHT	REVEAL
BURNT	HEALTH	SECOND
CLEANSE	HOUSES	THRONE
COURT	INIQUITIES	TREMBLE
COVENANT	MOUNTS	VALE

```
G T I R M R W W P A V Y
Y A Y H I O L S V E E Z
S E I A M A N N A L Q C
H G R A P E K I R D U D
S X N Z C F L A O R A V
Y R E T T U B O D N I K
T F Y V M J C Q N A L A
A P P L E J Y U O I G H
E T A N A R G E M O P R
H G O U R D O T L B Q W
W I G J Y O B E A N E X
U F M G S Z C C S U M R
```

Foods of the Bible

ALMOND	CUCUMBER	MELON
APPLE	EGG	MILK
BARLEY	FIG	ONION
BEAN	GOURD	POMEGRANATE
BUTTER	GRAPE	QUAIL
CORN	MANNA	WHEAT

Clue
(Search)

Answer the clues to figure out what words to look for in the grid. Or look for words in the grid to try and find answers you're not sure of.

The answers you fill in on the left-hand pages are arranged in alphabetical order from top to bottom.

SAMPLE PUZZLE

```
R T H I S B X L J D O B
L L U X I G G H U P B E
O I U P S M U B M I R E
B E S R E V R P B L T A
S X D R W I L K O A Y
W A Q U G K E H S K K T
B G F U O R S N X C F T
S S H T X Z B H N O O H
B O N J H D O L E M M E
W U S O L V E O W F S X
T O V C D W Q M O K L E
Z F L E T S E L Z O U J
```

1. It's also called the good book: <u>B</u> <u>I</u> <u>B</u> <u>L</u> <u>E</u>
2. The opposite of old: <u>N</u> <u>E</u> <u>W</u>
3. Book, chapter, <u>V</u> <u>E</u> <u>R</u> <u>S</u> <u>E</u>

Who Is It?

1. Eve's second son: ___ ___ ___ ___ (Genesis 4:2)

2. Father of the Jewish people, husband of Sarah:

   ___ ___ ___ ___ ___ ___ ___ (Genesis 17:15)

3. Eve's first son: ___ ___ ___ ___ (Genesis 4:1)

4. He sold Jacob his birthright for a bowl of soup:

   ___ ___ ___ ___ (Genesis 25:30-34)

5. Warrior and judge whose name appears on free hotel Bibles:

   ___ ___ ___ ___ ___ ___ (Judges 6:13)

6. Although his name doesn't appear until Matthew 1:1, he's the

   most-mentioned man in the Bible: ___ ___ ___ ___ ___

7. He was swallowed by a great fish: ___ ___ ___ ___ ___

   (book of the same name 1:17)

8. He betrayed Jesus by kissing him: ___ ___ ___ ___ ___

   ___ ___ ___ ___ ___ ___ ___ ___ (Luke 22:47-48)

9. He died at the age of 969, seven days before the Great Flood:

   ___ ___ ___ ___ ___ ___ ___ ___ ___ ___ (Genesis 5:27)

10. Prophet who descended from Mount Sinai with the Ten

    Commandments: ___ ___ ___ ___ ___ (Exodus 24:12)

11. "Doubting" apostle: ___ ___ ___ ___ ___ ___ (John 20:24-29)

12. Lot's ___ ___ ___ ___ was turned into a pillar of salt. (Genesis 19:26)

```
F G S M U E F J M C A X E I
D K D I Z I R E M O U D Z J
U K N X J N F X M M T N R D
I X O R E V P A E P O L U L
J A D X S W Q T N N I A C E
M R S Z U P H E B B R L M B
M O S E S U V M A H A R B A
O J U A S I M N F D C Q H Q
G V I E M K N M W E S A U J
Z O L U R O W Y I O I B B J
U A G Y E C H W I H S I B X
H W I D L Y I T U W A H X N
W Z I N I W L S G B D N M A
E G C F E G J B P D U M O Q
O M F G E J E A W G J K S J
```

Finish the Phrase

1. The ___ ___ ___ of the Covenant (Numbers 10:33)

2. "Give us this day our daily ___ ___ ___ ___ ___ ." (Matthew 6:11)

3. The burning ___ ___ ___ ___ (phrase resulting from Exodus 3:2)

4. The fatted ___ ___ ___ ___ (Luke 15:23)

5. ___ ___ ___ ___ of many colours (Genesis 37:3)

6. ___ ___ ___ ___ Samaritan (resulting from Luke 10:29-37)

7. "In the beginning God created the ___ ___ ___ ___ ___ ___ and the earth." (Genesis 1:1)

8. "… in the name of the Father, and of the Son, and of the ___ ___ ___ ___   ___ ___ ___ ___ ___ ." (Matthew 28:19)

9. "Am I my brother's ___ ___ ___ ___ ___ ___ ?" (Genesis 4:9)

10. The Sermon on the ___ ___ ___ ___ ___ (resulting from Matthew 5-7)

11. Jesus of ___ ___ ___ ___ ___ ___ ___ ___ (Matthew 26:71)

12. Pontius ___ ___ ___ ___ ___ ___ (Matthew 27:2)

13. ___ ___ ___ ___ ___ ___ and Delilah (Judges 16)

14. "Yea, though I walk through the valley of the ___ ___ ___ ___ ___ ___ of death …" (Psalm 23:4)

15. David used a ___ ___ ___ ___ ___ to defeat Goliath. (1 Samuel 17:50)

16. The ___ ___ ___ ___ ___ ___ tribes of Israel (Genesis 49:28)

17. "For God so loved the ___ ___ ___ ___ ___ …" (John 3:16)

```
O G V N J T K Q A M A W Y W
V N T U F R Y S D V O U B I
I I A D A D I O G Q J U Z N
Z L O G N O S X L C P N N Z
H S C K O O V H M C R G Y T
T J A E S G Y B A X D P G T
E T L E M Y A U V D H W S I
R W F P A Q H U A H O O Q X
A E B E S E H N G I H W D X
Z L H R A F D D E G I I W W
A V N V V B K A Y W O R L D
N E E Y Q F I L E Q I K Y I
X N J I M M O S U R D Y Z L
P I S O K H P H G Z B U S H
V D P O E T A L I P X O Z M
```

On the Map

The names of Biblical locales are hidden in the sentences below. Look for the letters in *consecutive* order running across two or more words.

1. I'd like to hear a rational explanation: A   R   A   R   A   T

2. The baby longed for its mother: ___ ___ ___ ___ ___ ___ ___

3. He won't be the last: ___ ___ ___ ___ ___ ___

4. I asked Adam as customers waited: ___ ___ ___ ___ ___ ___ ___

5. They used enough to get by: ___ ___ ___ ___

6. That's the cargo she needs to load: ___ ___ ___ ___ ___ ___

7. He bronzed his baby's shoes: ___ ___ ___ ___ ___ ___

8. Jude awoke earlier than the others: ___ ___ ___ ___ ___

9. There is a one-mile ban on it: ___ ___ ___ ___ ___ ___

10. The children of Desi Arnaz are there: ___ ___ ___ ___ ___ ___ ___ ___

11. Nine vehicles are parked in that lot: ___ ___ ___ ___ ___ ___ ___

12. "No dice!": ___ ___ ___

13. He preferred searching alone: ___ ___ ___   ___ ___ ___

14. Nero met with his people: ___ ___ ___ ___

15. We visited Lisa, Maria, and Julia: ___ ___ ___ ___ ___ ___ ___

16. His cousin aimed carefully: ___ ___ ___ ___ ___

17. That team is so dominating: ___ ___ ___ ___ ___

Hint: 11 of the locales are listed in puzzle #6.

```
C J R E D S E A X F T Y T D
X U C L O X N X Q E X R O H
X D X N L I X G J F M N N L
U E D A M A S C U S H O R E
H A Z N Z N S D B S A R R B
S U T I M H M K R R M S H A
G S F J Z K H T E R A Z A N
B O Z H O S A M A R I A N O
E D S Z B W F N D A N U O N
T O J H R J O B N K Y X R D
H M D M E L E I N V M O B R
E G E O Y N S U E F Z L E V
L M L B B L V H D E G R H O
Z T A R A R A B E Z A V M M
I B O C S X H E V E N I N K
```

Scrambled Books

The letters in each word or phrase below can be rearranged to spell a book of the Bible. We've given you the first letters.

1. RICH CLONES: C __ __ __ __ __ __ __ __

2. NAILED: D __ __ __ __ __

3. MONEY DETOUR: D __ __ __ __ __ __ __ __ __ __

4. USED OX: E __ __ __ __ __

5. RAZE: E __ __ __

6. LAST AGAIN: G __ __ __ __ __ __ __ __

7. SEE SIGN: G __ __ __ __ __ __

8. ATTAIN LEMONS: L __ __ __ __ __ __ __ __ __ __ __

9. MET WHAT: M __ __ __ __ __ __

10. HI, MAC: M __ __ __ __

11. BURNS ME: N __ __ __ __ __ __

12. HIP MELON: P __ __ __ __ __ __ __

13. NO RELATIVE: R __ __ __ __ __ __ __ __ __

14. MANORS: R __ __ __ __ __

15. THRU: R __ __ __

16. U.S. MALE: S __ __ __ __ __

17. SEASONAL HINTS: T __ __ __ __ __ __ __ __ __ __ __ __

44

```
E  T  F  V  N  W  K  J  P  Y  R  J  Z  N
O  R  C  F  R  S  R  E  B  M  U  N  R  B
Q  E  X  O  D  U  S  N  N  O  S  H  E  D
O  V  S  I  S  E  N  E  G  N  N  L  O  N
B  E  S  N  A  M  O  R  B  O  A  Q  G  K
P  L  E  R  G  G  I  W  B  R  I  U  P  G
S  A  L  G  X  L  T  E  M  E  T  Q  H  X
I  T  C  A  C  D  A  H  M  T  A  B  I  J
L  I  I  D  R  B  T  T  D  U  L  R  L  I
V  O  N  A  N  Z  N  T  V  E  A  U  E  T
P  N  O  N  G  W  E  A  U  D  G  T  M  N
F  D  R  I  F  D  M  M  I  C  A  H  O  F
R  T  H  E  S  S  A  L  O  N  I  A  N  S
B  V  C  L  I  S  L  J  H  P  C  G  T  H
G  A  Z  S  A  U  E  A  X  H  V  Y  S  F
```

Ye

"Ye" appears over 2,000 times in the Bible—and once in each answer below. No, they're not Bible words, but let's have a little fun anyway.

1. One making purchases: ___ ___ Y E ___

2. Company worker: ___ ___ ___ ___ ___ Y E ___

3. Had fun with, relished: ___ ___ ___ ___ Y E ___

4. Sometimes raised facial features: ___ Y E ___ ___ ___ ___ ___

5. Entrance hall: ___ ___ Y E ___

6. "Laughing" animal: ___ Y E ___ ___

7. Attorney: ___ ___ ___ Y E ___

8. "No" in Russia: ___ Y E ___

9. Didn't sit on the bench: ___ ___ ___ Y E ___

10. Synthetic material in clothing: ___ ___ ___ Y E ___ ___ ___ ___

11. "God bless us everyone," for example: ___ ___ ___ Y E ___

12. Type of bread (we'll let you figure out where the YE goes):

   ___ ___ ___

13. Most clever, like a fox: ___ ___ Y E ___ ___

14. Pine (for): Y E ___ ___ ___

15. A color: Y E ___ ___ ___ ___

16. 24 hours ago: Y E ___ ___ ___ ___ ___ ___ ___

```
D F N Y E T S W O R B E Y E
H E F I R X P R A Y E R F O
Y N Y J J Y X N T S E Y L S
E E R A P W A Y P V O P W F
N G L A L Z Y D A Y I R X R
A Z N D E P M M R R U J P I
W L S D E Y O J N E C M O C
C C R Z Z N E T X W T H L Q
R V T E E Y O L P M E S Y D
E C L E Y C G B L P B E E N
Y E F T O O M F U O L T S Y
W U Y E L Q F Q P Y W Y T K
A P J R R K R G M Q E R E G
L O H H V S W Y V Q K R R N
S C A K I C T J T K P T L W
```

```
J Q I D E N R U T E R N
K E W H E E L S C L C E
P A S Y U U Q H H H R D
L S C O U F S O A Z R R
K T W N S E A R M Y O A
M W Z W C R I S U U D H
K I B D A O F E T P N H
F N D H T L V M F T Z Y
N D P S G F L E E R R P
I L F V T P F N R A Q C
G S N A I T P Y G E F Y
R O B I I W H D D H D R
```

"The Waters Were Divided"

ARMY	FLEE	PURSUED
CHARIOTS	HARDEN	RETURNED
COVERED	HEART	ROD
DRY	HORSEMEN	SEA
EAST WIND	MIDST	WALL
EGYPTIANS	PHARAOH	WHEELS

```
P P C X I M E B O R I E
A A F H D W D Y Y E U Q
N R O H S R I Y K X F L
A E C H E R U B I M E Y
I G E H R Q G E O A Q T
D N L A A R L B H E S I
R E E L P W E C V A E R
A S S O H W I N G S R I
U S T N I M R H N W V P
G E I B M H B E O P A S
I M A H O Y A L E U N B
D F L Y I N G N L F T P
```

Angels

ARCH	GUARDIAN	MICHAEL
CELESTIAL	GUIDE	ROBE
CHERUBIM	HALO	SERAPHIM
FLYING	HARP	SERVANT
GABRIEL	HORN	SPIRIT
GLOW	MESSENGER	WINGS

42

```
P N O I S N E C S A Y Q
Y A D I R F D O O G A S
G E Y R A N I D R O D A
R T S O C E T N E P S M
U I S N N X N V G H E T
T R S L J K O Y N R N S
I S E F U B I P E E D I
L N A A S O S T V L E R
T N N E M I S D P C W H
T A R G F A A L A Y H C
P V K A E C P I L C S Z
E P I P H A N Y M A A Y
```

The Church Year

ADVENT	EASTER	OBSERVE
ALL SOULS	EPIPHANY	ORDINARY
ASCENSION	FEAST	PALM
ASH WEDNESDAY	GOOD FRIDAY	PASSIONTIDE
CHRISTMAS	LENT	PENTECOST
CYCLE	LITURGY	RITE

```
W C V L U T D E L I A S
O L O U B F O C F H T U
L O W E P T R O P P U S
V O C G F I A E F D R E
E S U O V E I R G A E H
S Z L V U F G A R R B P
D E L E E N K L O I M E
R O H Z R O S C Z H E S
O E M B R A C E D R M D
W Z M O S D P D L G E S
N X L I Y S X P P O R B
W Q A G N I H C A E R P
```

"It Is More Blessed"

AFOOT	EPHESUS	SAILED
APPAREL	GRIEVOUS	SUPPORT
ASIA	KNEELED	TARRIED
COUNSEL	LOFT	WEPT
DECLARE	PREACHING	WOLVES
EMBRACED	REMEMBER	WORDS

```
R E H D E W O L L A H N
Y D C V V D Y F N R G O
A D I Z S A A O B E L I
R L H O U E E R T N M T
P O W E R R T G G N K A
K W G J E B E I I A I T
N S W E V Y U V V M N P
N N T G I L O E E M G M
K T E B L I Z P U R D E
K R R L E A D U S N O T
J N I U D D R R C Q M F
T W K S R I H T N L S U
```

"Our Father"

AMEN	FOR EVER	MANNER
ART	FORGIVE	POWER
DAILY BREAD	GIVE US	PRAY
DEBTS	HALLOWED	TEMPTATION
DELIVER US	KINGDOM	WHICH
EVIL	LEAD US NOT	WILL

```
T  J  A  D  F  S  Y  P  W  H  I  P
U  R  Q  N  E  R  I  W  D  L  Y  Y
R  X  L  N  J  N  P  O  J  S  B  T
J  D  A  C  H  E  H  L  R  B  O  U
Y  R  A  V  E  N  C  L  E  G  Q  R
C  I  E  H  Q  P  K  A  Z  W  L  T
A  B  S  D  L  H  R  W  U  O  W  L
O  L  R  I  D  V  O  S  C  L  I  E
V  N  O  G  O  A  T  U  X  F  Y  M
T  N  H  Z  F  I  S  H  R  G  A  A
K  O  Z  F  F  T  J  S  Q  T  D  C
N  B  B  J  A  A  X  R  P  H  N  L
```

Bible Creatures

ADDER	FISH	RAVEN
ASS	GOAT	SHEEP
BEAR	HORSE	STORK
BIRD	LION	SWALLOW
CAMEL	LOCUST	TURTLE
CRANE	OWL	WOLF

Just Once

Each of these words appears once in the Bible.

ARAB	HERESY
ASTROLOGER	HONESTY
BELIEF	ICHABOD
BOY	JESTING
BRAVERY	JEWISH
BUSYBODY	LUCIFER
CARBUNCLES	PLANETS
CHERISH	PRINCESS
EASTER	SHROUD
EMMANUEL	SLAVE
ENLIGHTEN	SORCERY
FISHERMEN	STONING
GIRL	THANKING
GOBLET	WEASEL
GRANDMOTHER	WRINKLES
HATS	YOKEFELLOW

```
E J D S S E C N I R P S L M G
S N B R E T S A E C W M G J E
S Y L E U N A M M E L R I G G
D O I I C C P H Y Y V C R Y L
U G R E G O L O R T S A R A B
I T N C G H M O Q P N R L H U
B E L I E F T O X D Y B Z S S
V B G N N R Y E M L Q U B I Y
G C J T F O Y O N D Q N S R B
O N D Z S K T Q B Z M C G E O
B R I J T H U S V T X L L H D
L Y O K E F E L L O W E A C Y
E I G R N W I G N I T S E J D
T W E E A A I S I C H A B O D
D S W F L Q H S H O N E S T Y
Y S P I P R V T H E Z W M A I
D N K C O Y R E V A R B E Y E
H B Y U I W G N I X V M Z B R
U P D L T X W R I N K L E S M
D D J O O C F O X L P Q U N Z
```

```
I  G  K  D  P  E  Z  S  H  M  Z  V
S  H  J  E  L  P  I  C  S  I  D  Q
C  R  T  P  U  A  X  F  A  W  A  A
A  E  H  A  B  C  E  L  D  K  V  U
R  T  U  R  J  E  H  M  U  E  I  G
I  S  R  T  T  D  Y  A  J  N  N  F
O  O  S  U  O  A  D  P  R  I  C  Y
T  O  D  R  W  E  N  O  H  I  I  I
X  R  A  E  Q  R  U  S  C  U  S  M
P  U  Y  E  L  B  A  T  S  M  M  T
N  P  T  V  I  W  M  L  W  T  X  G
Q  K  D  N  O  M  R  E  S  R  W  X
```

The Last Supper

APOSTLE	EUCHARIST	PETER
BREAD	FEET	ROOSTER
DA VINCI	ISCARIOT	SERMON
DENY	JUDAS	TABLE
DEPARTURE	MAUNDY	THURSDAY
DISCIPLE	MEAL	WASHING

```
R  T  S  S  T  R  A  V  A  I  L  O
B  M  G  R  K  R  F  Y  X  G  P  S
S  R  E  V  I  R  U  O  B  A  L  T
E  U  N  S  E  T  O  A  R  T  C  I
H  T  E  L  R  I  H  W  V  M  F  U
D  T  R  T  T  G  I  I  A  W  E  C
H  E  A  R  I  N  G  S  N  E  M  R
E  R  T  J  D  I  F  D  I  G  I  I
S  Q  I  M  F  E  S  O  T  I  T  C
C  L  O  H  X  E  M  M  Y  L  D  P
O  O  N  H  F  S  X  U  C  L  L  M
K  N  J  P  V  E  X  A  T  I  O  N
```

"The Earth Abideth"

ARISETH	OLD TIME	VANITY
CIRCUITS	RIVERS	VEXATION
FORMER	SEEING	WHIRLETH
GENERATION	THING	WIND
HEARING	TRAVAIL	WISDOM
LABOUR	UTTER	WORKS

```
D R O W S H I E L D B V
L G P B L H Z O S U S U
A N P R O V O K E S E N
U I R E I B H D C G C O
T L H A N O E M A S I I
I B W S S N L Y L E V T
R M N T Q D M X P L R I
I E P P O R E K H I E N
P R X L X C T F G W S O
S T R A D Y R E I F E M
A J S T Q R Q K H M Y D
I S T E N U R T U R E A
```

"The Whole Armour of God"

ADMONITION
BOND
BREASTPLATE
EYESERVICE
FIERY DARTS
GIRT

HELMET
HIGH PLACES
LOINS
NURTURE
OBEY
PROVOKE

SHIELD
SHOD
SPIRITUAL
SWORD
TREMBLING
WILES

50

```
R E T A W D R M N G G L
J W K L A N N A O N Q O
T B L F L A H S I F A A
A B J E K S F S T S P V
L Y B X S U S R C R E E
K E R O U O J F E E D S
I K X R R H Z D R J M E
N N G C A T S C R W H U
G O A I Z E X W U N R G
B D M S A V J O S H U A
C O H E L I H D E A D L
H V B R D F R R R M L P
```

Miracles

CROSSING
DEAD
DEMON
DONKEY
EXORCISE
FEEDS

FISH
FIVE THOUSAND
JOSHUA
LAZARUS
LOAVES
PLAGUE

RAISES
RED SEA
RESURRECTION
TALKING
WALKS
WATER

```
W I R A T T E N D Q Y X
C B I D O C T R I N E F
H G A Q H D U F U K V W
I K H U T C D R E L S E
L L C H A R A C T E R L
D F G N I D A E R S M Y
R X R I O S B V T S N T
E E G N I T I R W O R I
N O I T A C U D E N A V
B I B L E B M P F S E E
D U A M O O R S S A L C
E Y D U T S D R A W A U
```

Sunday School

ATTEND	CLASSROOM	LESSONS
AWARDS	DOCTRINE	READING
BIBLE	EDUCATION	SERVICE
CHAIR	INSTRUCT	STUDY
CHARACTER	LAY	TEACH
CHILDREN	LEARN	WRITING

```
B R A N C H V U Y K O K
B I O P R U S H O U S E
S R E O D L I V E R I M
T N O I T A T I B A H U
O A B E W S R E D I P S
N W U G E I S F E R E Y
E U P A B S H V I M R U
S K R L I P T G H O V L
D C A F L K H E R B E M
H M C W D T N A W X R F
F K W R A P P E D A T V
H S A J D Z K G Z M R B
```

"Green Before the Sun"

AWAKE	HEAP	RUSH
BILDAD	HERB	SEARCH
BRANCH	HOUSE	SPIDER'S WEB
EVILDOERS	MIRE	STONES
FLAG	PERVERT	UPRIGHT
HABITATION	ROOTS	WRAPPED

One-Word Search

All you have to do is find one word. Easy, right? Try it and see.

53   Find: **CAIN**

```
A I I A A I A
I N C C I C C
I A N C I A I
A I N I A N C
A C I N C N C
N N A I A C I
A I C C N C I
```

54   Find: **ABEL**

```
L B L E A A L
A A A E B A B
E B B A A B E
L A L E A B L
L E L E L L A
A B B L B A A
B A L E A E L
```

55   Find: **SETH**

```
T H S S E T T
H S E S E T S
H T T S H S H
S T E T H E E
E S H S E T T
E E T E T S E
S E T S E S T
```

56   Find: **ENOS**

```
E E O S S S S
N E N E N S N
S E O N N O E
N O E O O E N
N E O O S S O
N O E E E O S
N E N S S S N
```

57 Find: NAOMI

```
N I N A I N N
A O O N I I A
N N N A N I O
N M O A M M M
M A N N N A I
M I N M A M N
I O M A M O N
```

58 Find: SARAH

```
S A S R S S R
S S R A S R A
H A A S S A S
R R R A S A H
S R H A R H H
S A R R H R A
S A R H S S R
```

59 Find: RUTH

```
U H T H U R U
U R R U U T H
R H T R T H U
U U U U H H R
T R T T R T U
T R U U U H T
R R T H R H R
```

60 Find: LEAH

```
E L A H E H L
A H L L H L A
A E L A H A E
L E A L E L L
A E L H A E A
L A H H A L A
E H E H H A A
```

```
S F N I A G A E S O R W
P L B H L A V I T S E F
L A M B O U R S I N S A
I H O L Y W E E K C U S
G C T H I R D D A Y R T
I S G P I B W N T R R I
V A C C O R D A N C E N
Q P E N A N C E M X C G
S U N D A Y L T G I T R
R E D E M P T I O N I A
T E T L U X E J L L O J
J F K R G A S V Q Y N J
```

Easter

ACCORDANCE	LAMB	RESURRECTION
BONNET	LILY	ROSE AGAIN
EXULTET	OUR SINS	SUNDAY
FASTING	PASCHAL	THIRD DAY
FESTIVAL	PENANCE	TOMB
HOLY WEEK	REDEMPTION	VIGIL

```
X Z L I T T L E O N E S
M M E D I T A T E B U U
K Z B G S P S R H L H N
G N E V I G R E M K I R
D P R O S P E R Y E O I
E M V R T P U H L A D S
Y C V Q C O E N L L M I
A F O S L A U T C I V N
M E G A R U O C D O O G
S C V K S E T I T T I H
I F E E H T H T I W O Y
D N A H T H G I R G J Z
```

"Be Not Afraid"

ARMED	HITTITES	REBEL
COAST	LITTLE ONES	RIGHT HAND
DISMAYED	MAYEST	SUNRISING
GIVEN	MEDITATE	VALOUR
GOOD COURAGE	NUN	VICTUALS
HEARKEN	PROSPER	WITH THEE

```
W E E W E N H Y H X H A
Q S L U O S T H G I E M
C O N S C I E N C E Z O
W S I Y T B N C D A X B
J R P N X S S S S D G C
P E G E I U U C S E O E
I W W U R A E J E L O S
N O B G I O R Y N B D C
Z L K N J L R F K U D H
X L N O S A E R E O A E
P O R T A N S W E R Y W
E F I L E V O L M T S K
```

"Sanctify the Lord"

ANSWER
CONSCIENCE
EIGHT SOULS
ENSUE
ESCHEW
FOLLOWERS

GOOD DAYS
GUILE
HARM
LOVE LIFE
MEEKNESS
PRISON

REASON
REFRAIN
TERROR
TONGUE
TROUBLED
UNJUST

```
J D G X T D E B T S Y E
P W P X A E D J P W L P
R E B L X E L N E O S C
U E A D C S N J E D Y L
B D N R O D A Y H I G O
Q S Q A L R T E S W R O
R T U Y L A I A T S D F
Y N E E E T R S S G B H
Q E T N C S A T O J S C
G L J I T U M S L W Q I
A A E V O M A N A G E R
C T A E R U S A E R T R
```

Parables

BANQUET	NET	TAX COLLECTOR
DEBTS	PEARL	TREASURE
FRIEND	RICH FOOL	VINEYARD
LOST SHEEP	SAMARITAN	WEEDS
MANAGER	SOWER	WIDOW
MUSTARD SEED	TALENTS	YEAST

```
W N O C A E D A F O E K
O T K I F E R R E L L C
D S B U M H Z E M U A U
Y R D O N O V A N V B N
S H E I O B N E I R P Y
N X B T Z G E E R L A J
O O S Y A L Z E I L R W
V I T N E E B M W E N A
S Z O Y L R H H T W I V
W Y H S A R A N D O N Y
U J M G R P U E F P J K
K V H R B H K M K L X Y
```

Actors Who Played Jesus

BALE	GARBER	PAYTON
CAVIEZEL	HEATER	POWELL
DAFOE	HUNTER	SARANDON
DEACON	KLUNE	SISTO
DONOVAN	MANGANO	VON SYDOW
FERRELL	NEELEY	WARNER

```
V  B  V  M  N  K  U  B  X  I  V  S
I  N  H  A  B  I  T  A  N  T  S  L
N  E  D  D  O  R  T  H  O  R  N  S
E  T  S  A  W  P  M  H  E  D  S  D
Y  L  X  X  G  P  L  G  P  D  S  N
A  S  L  I  I  Z  D  A  U  C  E  U
R  D  R  I  W  E  D  E  N  U  R  P
D  E  R  E  H  T  A  G  E  T  P  H
V  C  H  O  I  C  E  S  T  F  E  L
T  N  G  X  R  R  W  B  A  L  N  D
D  E  G  G  I  D  B  Y  E  T  I  U
M  F  R  U  I  T  F  U  L  X  W  Z
```

"Wild Grapes"

BETWIXT	FRUITFUL	PRUNED
BRIERS	GATHERED	THORNS
CHOICEST	HEDGE	TRODDEN
DIGGED	HILL	VINEYARD
EATEN UP	INHABITANTS	WASTE
FENCED	PLANTED	WINEPRESS

The Good Christian

BELIEVE

BLESS

CARING

COMMITMENT

COMPASSION

DUTY

FAITH

FELLOWSHIP

FORGIVE

GRACE

HONESTY

JOYFUL

KINDNESS

LOVING

MATURE

MERCY

MORAL

PEACE

POLITE

PRAYER

RESPECT

SACRIFICE

SERVE

SHARE

SINCERE

STRONG

THANKS

TITHE

TRUST

TRUTH

UNDERSTANDING

WORSHIP

```
H  T  I  A  F  F  Y  W  S  P  E  F  Y  G  S
L  I  S  D  B  E  E  E  O  E  P  C  N  W  Z
E  Z  J  U  S  R  C  L  T  X  R  I  M  C  Y
H  U  U  B  R  U  I  W  L  E  V  V  T  P  B
Q  T  N  E  M  T  I  M  M  O  C  R  E  F  Z
V  C  D  L  E  A  I  O  L  A  W  A  T  O  X
L  E  E  I  P  M  R  T  R  W  C  S  R  R  R
V  P  R  E  N  A  M  I  H  E  M  A  H  G  S
M  S  S  V  L  O  N  U  O  E  M  P  G  I  M
N  E  T  E  U  G  I  Q  N  E  I  Y  I  V  P
L  R  A  O  F  F  H  S  E  H  S  P  H  E  O
E  G  N  Z  Y  B  L  E  S  S  R  W  T  R  S
K  C  D  T  O  P  G  R  T  A  M  V  U  A  I
Y  I  I  U  J  C  O  N  Y  E  P  G  R  H  A
Q  C  N  F  J  W  Q  E  I  T  N  M  T  S  K
I  L  G  D  I  A  R  Y  Y  O  U  H  O  B  J
U  Y  G  Q  N  R  R  X  R  U  A  D  X  C  M
K  S  W  B  X  E  C  T  V  N  Q  S  C  B  O
E  R  E  C  N  I  S  A  K  H  D  H  X  D  A
I  Z  X  A  G  Q  F  S  S  H  O  Z  G  R  N
```

```
H M D N Y P N B C Z H N
T H G I N D I M X P P D
F F U D Q B W W O S R V
I I I O Y Y L I M A F C
F Z C C O U U N C M R P
Y T Z A B Y L T S S A M
T T S R E B M E C E D M
N S Q O J A D R C G N F
E A X L H B T U R K E Y
W E A I R A N I M U L R
T F I G N I R E H T A G
C A N D L E H C E R C K
```

Christmas

BABY
CALENDAR
CANDLE
CARD
CAROL
CRÈCHE

DECEMBER
FAMILY
FEAST
GATHERING
GIFT
LUMINARIA

MASS
MIDNIGHT
TURKEY
TWENTY-FIFTH
WINTER
YULE

```
G E Z O W B R Y T E I U
L T C A X I M D M S P N
F A Y L L I S A R R F T
C B S S U O T E V O C H
R O R T H Z S H L W W A
E R E B D U L L C W T N
E P T Y C A Y E Z S R K
P E S C X T Y T I N X F
T R A I T O R S I N A U
E S O E C R E I F L Q L
T J B U L R O J S B R L
U S O R D E C E I V E D
```

"Perilous Times"

ACCUSERS	FIERCE	RESIST
BOASTERS	FOLLY	SILLY
COVETOUS	HEADY	TRAITORS
CREEP	LAST DAYS	UNTHANKFUL
DECEIVED	PROUD	WISE
FALSE	REPROBATE	WORSE

```
A P I W K G R V N V Q H
O C U M E M M C K H P E
Y N P T A L L E L U I A
S W W A F S S H Y T C V
Y X I A P I O H U N B E
Y P E Z R S L E H C G N
E B S C A D O R G A N L
R K E N I B G A S L R Y
I N N C S O I L I V Q K
P A U K E I J D O A B R
S I S L E C X E E R V X
A M U A R G L O R Y K S
```

In Hymns

ABIDE	GLORY	ONWARD
ALLELUIA	HARK	ORGAN
ASPIRE	HEAVENLY	PRAISE
CALVARY	HERALD	REJOICE
DEO	HOSANNA	RISE
EXCELSIS	LIFT UP	SKY

```
G  J  P  R  E  S  I  D  E  N  T  S
L  W  Y  E  T  U  T  A  T  S  U  E
A  D  E  C  R  E  E  R  O  R  X  A
D  O  M  I  N  I  O  N  R  O  K  L
T  S  A  F  D  E  T  S  W  L  C  E
P  N  P  T  S  A  C  T  A  L  A  D
S  R  O  N  R  E  V  O  G  E  P  B
I  U  A  H  V  S  M  N  N  S  T  I
G  N  I  Y  M  L  U  E  U  N  A  F
N  Z  P  R  I  N  C  E  S  U  I  W
E  K  Z  K  A  N  G  O  F  O  N  E
T  W  G  S  M  D  G  O  X  C  S  F
```

"The Den of Lions"

CAPTAINS
CAST
COUNSELLORS
DARIUS
DECREE
DOMINION

GLAD
GOVERNORS
INNOCENCY
PRAYING
PRESIDENTS
PRINCES

SEALED
SIGNET
STATUTE
STEDFAST
STONE
WROTE

```
L F A U L T L E S S G Q
U B S F R A Y W O E S N
F L V O O C R E P T R U
D T H C H A I N S U E C
E X Q L G I M U Z R K F
E C N E G I L I D B C I
N D M Y L D O G N U O L
G N I Y A S N I A G M T
A O R D A I N E D G L H
L S G M G R E E D I L Y
E S T A T E A C B W G C
V Z R E B U K E I Z G X
```

"Earnestly Contend"

BRUTE	FAULTLESS	MOCKERS
CHAINS	FILTHY	NEEDFUL
CREPT	FOAMING	ORDAINED
DILIGENCE	GAINSAYING	RAGING
ESTATE	GREEDILY	REBUKE
EXHORT	LUSTS	UNGODLY

```
N C H K E R M B Y B D G
O F U V P E T I T I O N
I V A S G S N C T M O H
T P A R M I O A N C A U
A L I A G A I L E H D M
C F G H R R T U R M S B
I O S A S P A T E D I L
L R D Q Z R C C V R W E
P G E R O N O H E A D E
P I E A I N V W R W S N
U V R A W T N Z A P O K
S E C N E L I S G U U B
```

Let Us Pray

ASK	HEAD	PRAISE
BOW	HONOR	REVERENT
CLASP	HUMBLE	SILENCE
CREED	INVOCATION	SUPPLICATION
FORGIVE	KNEEL	UPWARD
GRACE	PETITION	WORSHIP

Psalms

(Search)

A quote from the Book of Psalms runs through the grid in a continuous line.

Each word in the quote starts one letter away from the end of the previous one. So, once you find a word, move one letter either left, right, up, down or diagonally from its last letter to begin the next word.

Although the quote's path changes direction, each word within the quote follows a straight line.

The length of each word is shown in parentheses.

The quote will never cross over itself or use the same letter twice.

SAMPLE PUZZLE

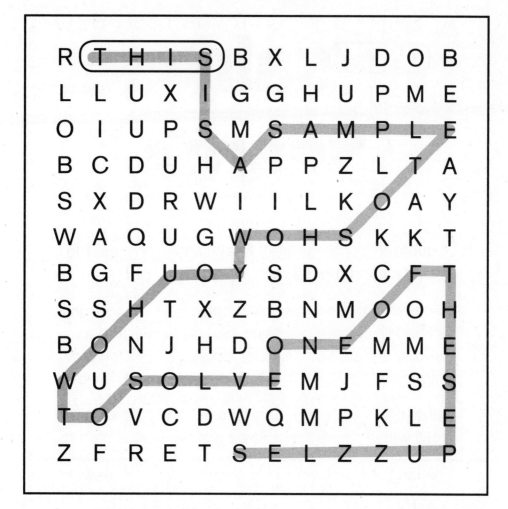

```
R  T  H  I  S  B  X  L  J  D  O  B
L  L  U  X  I  G  G  H  U  P  M  E
O  I  U  P  S  M  S  A  M  P  L  E
B  C  D  U  H  A  P  P  Z  L  T  A
S  X  D  R  W  I  I  L  K  O  A  Y
W  A  Q  U  G  W  O  H  S  K  K  T
B  G  F  U  O  Y  S  D  X  C  F  T
S  S  H  T  X  Z  B  N  M  O  O  H
B  O  N  J  H  D  O  N  E  M  M  E
W  U  S  O  L  V  E  M  J  F  S  S
T  O  V  C  D  W  Q  M  P  K  L  E
Z  F  R  E  T  S  E  L  Z  Z  U  P
```

1. _____THIS_____ (4)   6. _____SHOW_____ (4)   11. _____ONE_____ (3)
2. _____IS_____ (2)   7. _____YOU_____ (3)   12. _____OF_____ (2)
3. _____A_____ (1)   8. _____HOW_____ (3)   13. _____THESE_____ (5)
4. _____SAMPLE_____ (6) 9. _____TO_____ (2)   14. _____PUZZLES_____ (7)
5. _____TO_____ (2)   10. _____SOLVE_____ (5)

— Psalms

79

```
A S R L W O R D I V B Q
O (T H Y) J P K X S W G H
F O M R Q E P A J O P T
S M O P M A L O M P L A
E N U V R M K V H U G P
R J N K I J S N E H Y G
A S T Z X A C T I U M K
L W O Q T M K I H U U O
B M R P U U L G J X N T
Y M M V D K D N O V P N
F E E T J N P A Z M L U
O U I V A L M L I G H T
```

1. _____THY_____ (3)
2. _____ (4)
3. _____ (2)
4. _____ (1)
5. _____ (4)

6. _____ (4)
7. _____ (2)
8. _____ , (4)
9. _____ (3)
10. _____ (1)

11. _____ (5)
12. _____ (4)
13. _____ (2)
14. _____ (4)

– Psalms 119:105

```
W H P J H T E M O C V W
E M S I P T D F H T Y G
E M N Q M R S E U P O U
P V T R I O V K M U J U
I T H W N Q E S O R M T
N Z E M O R N I N G K U
G X Y B C N I L M V R B
Q M R R O M J K Y G T J
T A U C V Q J S O H H L
K Y P T W P G H R Q G M
E N D U R E M O V A I E
B O F M X M F R L J N P
```

1. ___WEEPING___ (7) 6. _____ , (5) 11. _____ (3)

2. _____ (3) 7. _____ (3) 12. _____ (7)

3. _____ (6) 8. _____ (3) – Psalms 30:5

4. _____ (3) 9. _____ (6)

5. _____ (1) 10. _____ (2)

```
R D R O L E R K N I O L
A B F L W E H T M Z S V
O N G M V X M G D R L E
O U D M Q C G H I P A K
E H K X T R A E H S K F
S P P F T H I N E F J L
H Q O B S N R B G A K E
A U S E R I S E D E O S
L W X I U O V M L H C Y
L G I V E T H E E T B H
V D H M A M T S R L M T
C B I J D E L I G H T Y
```

1. __DELIGHT__ (7)   7. _____ (3)   13. _____ (7)

2. _____ (7)   8. _____ (2)   14. _____ (2)

3. _____ (4)   9. _____ (5)   15. _____ (5)

4. _____ (2)   10. _____ (4)   16. _____ (5)

5. _____ (3)   11. _____ (4)

6. _____ ; (4)   12. _____ (3)

— Psalms 37:4

```
J  R  P  P  L  H  E  K  E  E  P  H
A  N  T  L  X  K  Z  B  E  M  M  I
M  J  I  R  O  U  U  K  R  B  R  S
A  W  F  R  O  F  R  E  G  N  A  Z
R  B  K  E  I  O  V  M  W  Q  D  C
E  U  U  T (H  E) W  I  L  L  B
H  U  D  E  H  I  P  X  R  P  X  N
T  O  G  R  M  K  D  Z  O  K  U  O
I  C  B  C  L  X  E  D  A  E  U  T
E  V  I  I  W  X  S  Y  A  W  L  A
N  E  D  I  H  C  R  P  R  E  O  S
R  N  M  U  D  Q  K  M  O  F  T  Y
```

1. _____HE_____ (2)   6. _____ (7)   11. _____ (5)

2. _____ (4)   7. _____ (4)   12. _____ (3)

3. _____ (3)   8. _____ (2)   13. _____ (4)

4. _____ (6)   9. _____ (4)   – Psalms 103:9

5. _____ : (5)   10. _____ (3)

83

```
A N O K B U K S H B L S
U U N T S V H C A E T O
I M R M V M Z R T F M B
S B Z Q L W O T N U S R
J E N M O I G A D B T V
O R V A B S M S X M R C
U Z L T P D E F T J A B
R Q L C X O E A X I E R
D R D R T M K S A U H U
A Q L A W B K G H W M O
Y B H R E C Z A P P L Y
S T C E M A Y M N T O R
```

1. _____SO_____ (2)   7. _____ , (4)   13. _____ (6)

2. _____ (5)   8. _____ (4)   14. _____ (4)

3. _____ (2)   9. _____ (2)   15. _____ (6)

4. _____ (2)   10. _____ (3)   – Psalms 90:12

5. _____ (6)   11. _____ (5)

6. _____ (3)   12. _____ (3)

```
H E B T L N C I R P A S
U S S R E W O H S S X S
U H B T H T R A E N P A
M A V H D A E E M J R R
R L W A P S E H Q A G G
C L K T L L N T M O W N
E O X W A T E R E O R T
A W M L L T Y G M H O Y
M S D E M G R K C B T N
Y F O K Q Y Q X I N B O
S Y W P R P Q R A I N P
X L N L I K E T U Z Y U
```

1. _____HE_____ (2) 7. _____ (4) 13. _____ (4)

2. _____ (5) 8. _____ (3) 14. _____ (5)

3. _____ (4) 9. _____ (4) 15. _____ (3)

4. _____ (4) 10. _____ : (5) 16. _____ (5)

5. _____ (4) 11. _____ (2) – Psalms 72:6

6. _____ (4) 12. _____ (7)

85

```
T R V O H T G E R E W H
R E H T O O M S J P T T
T B L N F A E K Q Q V U
H M S H E A R T Q Y K O
A Q R I G H C D V L S M
N R V M H W L S R I T P
B P H I J N T V H F O S
U A N O Q X I T M Z K D
T S A J O B B S V K E R
T J S T W B M A L L M O
E T U M E A C W J T B W
R B K O O U R X K (T H E)
```

1. _____THE_____ (3)
2. _____ (5)
3. _____ (2)
4. _____ (3)
5. _____ (5)
6. _____ (4)
7. _____ (8)
8. _____ (4)
9. _____ , (6)
10. _____ (3)
11. _____ (3)
12. _____ (3)
13. _____ (2)
14. _____ (3)
15. _____ (5)

– Psalms 55:21

```
O  K  T  T  S  M  A  N  J  E  H  T
R  E  A  O  G  X  L  Q  S  B  T  R
M  E  P  N  N  T  V  E  H  K  C  E
C  P  X  Y  I  P  M  S  A  I  E  D
M  B  B  R  W  S  I  K  D  S  H  N
E  A  S  M  V  Y  U  M  O  J  R  U
J  X  T  Q  S  H  U  M  W  Z  E  T
O  H  B  G  T  T  U  O  P  N  G  M
E  T  C  B  R  B  F  L  Q  J  E  K
A  P  P  L  E  B  X  U  U  I  D  F
C  R  N  M  O  K  L  E  Y  E  I  M
D  E  J  F  T  H  E  L  U  U  H  G
```

1. _____KEEP_____ (4)   7. _____ (3)   13. _____ (6)

2. _____ (2)   8. _____ , (3)   14. _____ (2)

3. _____ (2)   9. _____ (4)   15. _____ (3)

4. _____ (3)   10. _____ (2)   16. _____ (5)

5. _____ (5)   11. _____ (5)   – Psalms 17:8

6. _____ (2)   12. _____ (3)

87

```
J F E H T P B E E H T H
S O T M K S I K L V T M
R U V O J V R T M I G W
S N T Y T (F O R) W N M H
E T D H A N Z Q B M E W
L A C X G H E J Z S B L
B I P Q K I G F E T K L
B N J R N M L E U U U A
O P G K N R P Z K O P H
F P E M J Q M Y P A R S
L I F E I V H L I G H T
T B A P N T G H S T Q R
```

1. ____FOR____ (3)
2. _____ (4)
3. _____ (4)
4. _____ (2)
5. _____ (3)
6. _____ (8)

7. _____ (2)
8. _____ : (4)
9. _____ (2)
10. _____ (3)
11. _____ (5)
12. _____ (5)

13. _____ (2)
14. _____ (3)
15. _____ (5)

– Psalms 36:9

```
S  P  I  L  A  Y  U  D  N  A  L  F
F  W  V  K  Y  H  T  Q  P  P  I  G
R  T  E  T  I  E  M  R  S  T  V  M
O  A  K  R  A  E  N  E  Y  V  E  O
M  N  B  S  Z  N  X  T  O  L  K  R
N  S  P  E  A  K  I  N  G  G  D  F
H  V  R  E  L  I  U  G  B  H  C  E
E  C  S  V  R  D  N  M  K  B  U  M
W  I  A  Q  M  J  H  R  Q  G  U  M
K  E  E  P  B  L  V  P  N  U  I  E
T  J  K  T  H  Y  G  O  M  N  O  S
O  M  L  W  M  O  T  R  V  R  P  Q
```

1. _____KEEP_____ (4)   5. _____ , (4)   9. _____ (4)

2. _____ (3)   6. _____ (3)   10. _____ (8)

3. _____ (6)   7. _____ (3)   11. _____ (5)

4. _____ (4)   8. _____ (4)   – Psalms 34:13

```
B L E S S E D V T H A T
U S N T Y W I K E B H C
A V E M S Z S H M G M O
X R J M I K D C B O X N
L D E L I V E R H C N S
L Q E M I T N U I L K I
I J O H K O U I M V A D
W G F B E O U U U Z I E
D W T R O U B L E P J R
R L F Y D J Z H Q C T E
O R Z P R O O P L M P T
L E H T K Q R X E H T H
```

1. __BLESSED__ (7)
2. _____ (2)
3. _____ (2)
4. _____ (4)
5. _____ (11)
6. _____ (3)

7. _____ : (4)
8. _____ (3)
9. _____ (4)
10. _____ (4)
11. _____ (7)
12. _____ (3)

13. _____ (2)
14. _____ (4)
15. _____ (2)
16. _____ (7)

– Psalms 41:1

```
A  I  C  E  R  J  D  Q  H  E  H  D
S  B  U  S  L  L  A  H  S  L  N  S
F  E  G  T  A  R  T  M  R  A  E  G
N  K  O  R  H  S  G  F  E  B  G  S
R  W  W  E  T  N  A  E  L  T  A  P
X  Y  K  N  V (B) N  L  A  B  R  O
T  J  E  G  T (E) M  V  M  D  U  O
R  N  I  T  M  B  O  G  U  K  O  A
A  A  C  H  Z  H  X  F  X  U  C  I
E  T  B  E  Y  U  L  J  G  O  O  D
H  T  K  N  Z  I  M  L  M  Y  M  N
R  U  O  Y  B  M  A  G  V  K  M  T
```

1. _____BE_____ (2)   5. _____ (3)   9. _____ (4)

2. _____ (2)   6. _____ (2)   10. _____ (5)

3. _____ (4)   7. _____ (5)

                                              – Psalms 31:24

4. _____ , (7)   8. _____ (10)

```
V  S  N  O  R  E  I  A  T  Y  I  O
A  S  S  E  R  T  R  O  F  B  M  O
N  R  T  S  D  N  Y  O  M  K  U  D
D  C  Z  A  R  C  N  Z  A  H  U  N
Q  M  M  M  B  E  F  P  M  G  T  A
Y  U  U  S  T  M  S  T  O  Q  K  B
D  E  L  I  V  E  R  E  R  J  C  M
A  E  H  G  M  G  T  K  R  L  O  Q
W  O  X  L  V  C  J  O  W  V  R  B
X (T  H  E) B  D  U  V  K  Q  V  Y
L  E  H  M  L  O  R  D  T  J  M  L
N  I  O  R  Q  V  S  B  I  S  B  M
```

1. ____THE____ (3)   5. _____ , (4)   9. _____ (3)

2. _____ (4)   6. _____ (3)   10. _____ (2)

3. _____ (2)   7. _____ (2)   11. _____ (9)

4. _____ (2)   8. _____ , (8)   – Psalms 18:2

```
K E C O U N S E L O B I
D H P E T A M M F Z L B
H T M L L G U E H T A L
N J Z U M Y N C I J B E
I Z O J U N G X H I J S
T O N H U O O D R W S S
A K B T I D D Y N U V E
L U D E L I L T U G F D
F E O K O P Y Y X E K I
R H B L V E F Y M J H S
C S Q A K T G U A Q R T
A R E W T A H T N H B M
```

1. __BLESSED__ (7)   6. _____ (7)   11. _____ (2)

2. _____ (2)   7. _____ (3)   12. _____ (3)

3. _____ (3)   8. _____ (2)   13. _____ (7)

4. _____ (3)   9. _____ (3)   – Psalms 1:1

5. _____ (4)   10. _____ (7)

```
W P A D G A S T O N E R
J D E T N A W H D F W U
I R T A I G J I U O M O
J A C Z Y I Z R L R I H
X W A L F G F D F H R E
I K J B I I C D G A L N
S T O P R E T A W P A I
I A L K U I L Y L M P M
I Q I D P I M X O L I O
P N N T L S Q W Y X E K
S F R E H T O M G S C D
K V E M A R R I A G E Q
```

"Water That Was Made Wine"

APIECE

BRIM

CALLED

CANA

DRAW

FIRKINS

GALILEE

MARRIAGE

MINE HOUR

MOTHER

PURIFYING

SAITH

SIX

STONE

THIRD DAY

WANTED

WATERPOTS

WOMAN

```
V R E H C A E R P N N N
O X E S N E C N I O M O
M P W M O S I I D O Z I
Y I Y I J B P T A N H T
P H R U O H E E F F O C
C S E D R E R L A S S E
M R A E A V X L L K E L
A O D L H E Q U J A R L
X W I G M N X B L Y M O
S F N N O I N U M M O C
D S G N I N R O M S N O
W B S I A G N I T E E M
```

Church Service

BELL	EVENING	PREACHER
BULLETIN	HYMN	PSALM
CHOIR	INCENSE	READING
COFFEE HOUR	MEETING	SERMON
COLLECTION	MORNING	SPEAK
COMMUNION	NOON	WORSHIP

```
T N E L O V E N E B C W
U H P V B K L T T H O O
N M S I U R T L A U M W
D W Y S I N K R N G P X
E A M E L A I D O O A S
R R P V D T N C D O S I
S M A E Y Y D O E D S X
T T T H P E N N E W I S
A H H E S K E C D I O I
N A Y G E R S E K L N T
D E Z J Z E S R M L J U
V L J H U M A N I T Y J
```

Helping Others

AID
ALTRUISM
BENEVOLENT
BUILD
CHARITY
COMPASSION

CONCERN
DEED
DONATE
GOODWILL
HUG
HUMANITY

KINDNESS
NICE
SHARE
SYMPATHY
UNDERSTAND
WARMTH

```
Q R W O N P X Z J M R P
L L D B R X S B K O O O
Y D E X A W W N E E B S
U E A D E R E F F U S S
Y L Z V N W L J W A E E
X B S K E A L E E C R S
D M F S W H M V Y A V S
Q U T E A E O M W Y E K
B H N N M R A S O L D O
N H I I P D B L F C L O
V F L V V S L D T R U R
C G F R M L U T Y H P B
```

"Walk in His Ways"

BARLEY	HUMBLED	SUFFERED
BRASS	KNEWEST	SWARE
BROOKS	OBSERVE	SWELL
COMMAND	OLD	VINES
FLINT	POSSESS	WAXED
HERDS	PROVE	WEALTH

```
T A D E L B U O R T M I
A K J O S E P H V N C M
S S Y L H G I H C O B P
H A N C D R J R N D F O
U L Y R T S A C B A H S
D U J I J T E H V A I S
U T H N N I W O M B G I
Z A W R V G U E J Q H B
L T F E A R N O T E E L
D I V A D E S U O P S E
M O K H N A Z A R E T H
M N E W I T H T H E E T
```

"The Virgin's Name Was Mary"

CAST	GABRIEL	NAZARETH
CONCEIVE	GREAT	SALUTATION
DAVID	HIGHEST	SAYING
ESPOUSED	HIGHLY	TROUBLED
FAVOUR	IMPOSSIBLE	WITH THEE
FEAR NOT	JOSEPH	WOMB

93

```
E  T  Q  D  N  P  I  E  T  A  H  A
N  H  R  Y  O  R  T  T  N  A  H  N
I  O  E  L  I  C  N  A  I  S  T  N
V  L  T  A  T  H  D  L  A  O  E  U
I  Y  F  R  P  I  J  U  S  N  B  N
D  G  A  K  E  L  Y  C  L  I  A  C
M  H  I  N  C  D  D  A  Y  G  S  I
S  O  S  A  N  T  A  M  A  R  I  A
M  S  T  T  O  O  L  M  V  I  L  T
Z  T  G  H  C  D  D  I  E  V  E  I
D  E  S  S  E  L  B  A  S  I  M  O
R  S  W  O  R  R  O  S  M  K  O  N
```

Mary

ANNUNCIATION	HOLY GHOST	PIETÀ
BLESSED	IMMACULATE	SAINT
CHILD	LADY	SANTA MARIA
CONCEPTION	MADONNA	SON
DIVINE	MOTHER	SORROWS
ELISABETH	NOTRE DAME	VIRGIN

The Sermon on the Mount

Matthew 5-7

ALMS	HILL
ANGRY	ONE JOT
AUTHORITY	REAP
BORROW	RIGHT EYE
BUSHEL	SALT
CANDLESTICK	SECRET
CHEEK	SMITE
CLOAK	SYNAGOGUES
COUNCIL	THOU FOOL
DANGER	THY GIFT
ENEMIES	TITTLE
FARTHING	TOOTH
FULFILLED	TRODDEN
GO A MILE	TRUMPET
HAIR	TWO MASTERS
HELL FIRE	WISE

```
G B S A L T O J E N O N T M L
H M Y Y G S V E Y E T H G I R
U T C U N E D D O R T I T G E
Z J O G I A Q P H A G I V R G
R V U O H D G X A Y U N M X N
V C N A T E B O R R O W A S A
M G C M R T H Y G I F T T E D
V T I I A L O O F U O H T E R
H E L L F I R E P H E P E J I
W P J E P U E E K F H S Q W F
Q M C A N D L E S T I C K T S
X U E U L R T F R P L H L E I
I R N T A M L J I O L E Q R F
G T E H R C S E A L T E A C G
U X M O V L T K H E L K P E Y
Y K I R T W O M A S T E R S D
S S E I C B R W B I U L D O O
G F S T I T T L E W Z B X B D
I U X Y T V G X C L O F B X U
G E B P D J D J H M G N O W E
```

```
S U T S E F E L I X P V
P S H S V D M Y Q C H C
A U G U S T U S O C S L
G V N I O C C I R E U A
R U X R L D O A T N I U
I T O E D U R S C T N D
P R I B I T N A E U O I
P I L I E O E R F R T U
A B L T R S L M E I N S
G U A A A H I H R O A N
B N G R T I U Z P N W D
D E C R A E S Y B N K J
```

Biblical Romans

AGRIPPA
ANTONIUS
AUGUSTUS
CAESAR
CENTURION
CLAUDIUS

CORNELIUS
FELIX
FESTUS
GALLIO
HEROD
LYSIAS

PILATE
PREFECT
SOLDIER
TETRARCH
TIBERIUS
TRIBUNE

```
A S D O E T K Y N V A G
O Y W M W S L Q E Z S S
K Y N D A U S P S J H B
W Y D M L J C F U T A R
Q C T M L E E A N H M E
S K D F S H S S G M E H
I P E Y O T B I T B D A
P B E V R L E H A Y E V
Z F P O U W E D A W V O
M P N O I N I M O D O H
J G S K R A W L U B U E
R S U P R I G H T U R J
```

"Perfect Peace"

ASHAMED
BULWARKS
DEVOUR
DEW
DOMINION
HERBS

JEHOVAH
JUDAH
LOFTY
MAJESTY
SOUL
STRONG

SUNG
THE JUST
UPRIGHT
WALLS
WEIGH
WILT

```
G U T E N B E R G V Z A
E O A I I T S E R B T J
C T N Y T T W U E R N P
C I A M A R A A E W I E
Q Y K G L H H H K L G F
E J H B L Q T C H O A F
L J E K K U W S E O U I
A P B N L N V O X I T L
D K R N M U G R A T P C
N N E N I O K F P V E Y
Y Z W D E T A P L E S W
T P I R C S U N A M L X
```

Versions of the Bible

ARAMAIC	HEBREW	SEPTUAGINT
BREST	HEXAPLA	TANAKH
D'ÉTAPLES	KOINE	TARGUM
FROSCHAUER	LATIN	TYNDALE
GREEK	LUTHER	VULGATE
GUTENBERG	MANUSCRIPT	WYCLIFFE

```
R V D T H F R X P C H Z
E I D I B R O F D O G C
C N G Y U E E Y L N J P
K S S E N E K I L T Y Z
O T A P D D N E G I R M
N R B W K E F L R N Y N
E U O U S N T D Y U Q F
W M U S R I O N I E M C
N E N Z O I L W A G E S
E N D K H T E V I L A Z
S T S U L S H D F N P F
S S I M Z I X Y D V G Z
```

"We Should Not Serve Sin"

ABOUND
ALIVE
BURIED
CONTINUE
FREED
GOD FORBID

HOLINESS
INSTRUMENTS
KNOWING
LIKENESS
LIVETH
LUSTS

NEWNESS
PLANTED
RECKON
REIGN
WAGES
YIELD

```
N C D X O A W T C R H S
Y F L A G O N S W E E T
E L T R U T H O R N S F
N O R A H S H C O N D E
L W U H Y F S Z E A R L
T E M B R A C E S B I C
Q R C E H U M T X K B H
R S A I K P D Y L O W E
O Y N H T M F B R E F Z
S D E E R T E L P P A A
S S Y E L L A V A X A F
F D E B E A Y L I L Y E
```

"Sweet Is Thy Voice"

APPLE TREE	FLOWERS	ROES
BANNER	FOXES	SHARON
BIRDS	HART	SWEET
CLEFTS	HINDS	THORNS
EMBRACE	LATTICE	TURTLE
FLAGONS	LILY	VALLEYS

```
M C W E H T T A M M O N
S Z E C A N A A N M A E
E I J C H B M K S P D D
E P A L L E L U I A M D
S P L E S L E P N N H I
I O W S M S R O B O T B
R R I I M H R R Y M A R
A A H A B A K K U K B O
H H N S A Z Z B X N B F
P N W T D Z H A G G A I
A M Y E Z A R A G M S W
E G P S C R O L L O A U
```

Double LeTTers

AARON	ECCLESIASTES	MESSIAH
ALLELUIA	FORBIDDEN	MYRRH
AMMON	HABAKKUK	PHARISEES
BAAL	HAGGAI	SABBATH
BELSHAZZAR	MANNA	SCROLL
CANAAN	MATTHEW	ZIPPORAH

One-Word Search

All you have to do is find one word. Easy, right? Try it and see.

101 Find: EGYPT

```
T  P  E  G  P  T  T
G  Y  P  E  Y  G  Y
P  E  E  G  E  Y  P
P  P  Y  P  E  Y  E
T  P  E  E  G  Y  E
Y  P  T  P  Y  G  E
T  G  E  E  E  P  G
```

102 Find: SYRIA

```
S  A  R  Y  R  S  I
Y  S  A  Y  A  I  R
A  S  A  I  S  Y  Y
R  R  R  I  S  R  A
I  Y  A  R  R  Y  Y
S  R  I  Y  S  I  S
A  R  S  Y  I  I  S
```

103 Find: SINAI

```
I  S  I  A  I  S  A
N  S  A  I  I  S  N
A  I  A  S  N  N  I
S  A  N  N  I  S  A
S  S  S  S  I  I  N
I  N  A  N  A  A  I
A  A  S  I  N  A  S
```

104 Find: EDOM

```
M  E  O  O  D  O  M
E  E  D  O  E  E  D
E  D  M  O  M  D  M
D  E  O  D  D  E  D
M  M  O  M  M  M  M
D  D  E  O  O  M  O
E  D  O  D  E  O  D
```

105 Find: **BABEL**

```
L A E L B B B
B L E L L A E
L L A A B E L
E B L A L A B
B B B E E L A
A B A L L B A
B A L E B E A
```

106 Find: **MOAB**

```
M O A O B M M
B M B B A O M
B O M B A M M
M O M M A B B
B O M A M M M
O A B O O O A
O M O O B B B
```

107 Find: **GAZA**

```
A A Z A A G A
Z Z G A G A G
A Z G G Z G Z
A G Z Z Z A A
G Z A Z G A A
G G A G A A Z
G Z G G A Z G
```

108 Find: **NOD**

```
D O D N D N N
D N N O O D D
D O D O O O N
N N D O O N N
D N D O D N O
N D O O O D O
N D D N O N N
```

```
D Y H D R E H P E H S Z
B L G T U Y G C O S X G
K T H I E F K Y Z W J R
K N D R O B B E R K E W
V A S L S M M G H T L R
E D O A O T D I R T B A
R N K F V F R O L I Y R
I U N I L E P A T C N Z
L B O O L A D E N Y A U
Y A W I L C E U E G M F
Q E N T E R E T H H E L
E G G O C P M K S A S R
```

"The Door of the Sheep"

ABUNDANTLY	PORTER	STEAL
BY NAME	POWER	STRANGER
CLIMBETH	ROBBER	THIEF
ENTERETH	SAVED	VERILY
HIRELING	SHEEPFOLD	WAY
KNOWN	SHEPHERD	WOLF

```
E D B E P U W I D G G M
L K E Y X S O S O E O X
L O L X Y A L Y G X C A
E O I O C T L S F B P C
H B E D L A A T O V D R
C D F O P N H R D I O E
P O E H C R T O R N D E
N O I T A N I M O N E D
U G I R Z L A E W G R C
K T X O G F F R S Z C J
Y T I N I V I D A T A O
Y G O L O E H T C E S K
```

Religion

BELIEF
CREED
DENOMINATION
DIVINITY
EXALT
FAITH

GOOD BOOK
HALLOW
HELL
HOLY
ORTHODOXY
PRIEST

SACRED
SANCTITY
SATAN
SECT
THEOLOGY
WORD OF GOD

```
S  I  L  V  E  R  R  E  Z  E  B  K
E  L  P  M  E  T  N  P  U  B  X  E
Y  X  D  I  L  D  F  H  N  Q  K  R
E  X  S  G  A  L  A  I  W  R  D  O
O  D  R  H  X  Z  Q  L  O  R  D  S
W  C  A  T  A  S  E  I  D  F  E  H
T  M  L  G  R  F  C  S  E  Z  K  A
E  X  L  N  O  M  I  T  M  Z  C  V
T  U  I  E  Z  N  T  I  A  S  O  E
X  F  P  R  A  E  N  N  C  P  M  N
Y  A  C  T  R  F  E  E  N  N  K  S
Z  S  X  S  N  U  J  S  K  C  O  L
```

"Delilah Said unto Samson"

CAME DOWN	LORDS	SHAVEN
DAGON	MIGHT	SILVER
ENTICE	MOCKED	SOREK
FETTERS	PHILISTINES	STRENGTH
GAZA	PILLARS	TEMPLE
LOCKS	RAZOR	TWO EYES

```
G P R X O D F S L L R Z
T Z I N V L T X X E M J
S E S U A C E B R A A S
N B P N V L R H H R C A
I E D V S N O S K S E Y
A F R E R B F P N I R I
G O L D E V E R Y Y N N
A R N G L O R T A E R G
M E X J P I E D A M V Z
K Q B L I T H I N G S H
L M E V O M T C I A F X
T R D F E M E A R T H K
```

1,000 Times

AGAINST	EVERY	MADE
BECAUSE	GREAT	PEOPLE
BEFORE	HAND	SAYING
CHILDREN	ISRAEL	SONS
DAY	KING	THEREFORE
EARTH	LAND	THINGS

Each of these words appears at least 1,000 times in the Bible.

```
P D H T T N I A W T W C
G E N M I T Y G Y Y R U
D K A G M S N E I L A R
I L H Y E T P C Z T T E
O A V Y S N G I I I H H
I W H X P A T N R F D T
W X C Z A N I I Z I X E
C H O U S E H O L D T G
E B U D T V H E D E N O
M I R X G O Z B O A S T
V C S W E C N I R P J L
A D E M A R F L X P M G
```

"His Great Love"

ALIENS	FRAMED	SPIRIT
BOAST	GENTILES	TIMES PAST
COURSE	HOUSEHOLD	TOGETHER
COVENANTS	NIGH	TWAIN
ENMITY	PRINCE	WALKED
FITLY	SIT	WRATH

```
J Q B A B Y L O N Z K X
D N A L E T S A W E L B
R E J E C T E D O R A F
E C K R O R E Z R U Y L
G N H R M L K S H T A M
N E T N I K R E T U R N
E L A X N E B L R F T I
S I E O G I H C E U E V
S S D N R Y S A V G B Q
E N E T T O G R O F N U
M V H B P T C I D E R P
A H A I S S E M E H V Y
```

Prophecies

AVENGE   EXILED   PREDICT
BABYLON   FUTURE   REJECTED
BETRAYAL   MESSENGER   RETURN
BIRTH   MESSIAH   SILENCE
COMING   MIRACLES   UNFORGOTTEN
DEATH   OVERTHROWN   WASTELAND

Men Saints

ANDREW	LEO
ANTHONY	LUKE
AUGUSTINE	MARK
BENEDICT	MARTIN
BLAISE	MATTHEW
CHRISTOPHER	MICHAEL
DOMINIC	NICHOLAS
FRANCIS	PATRICK
GABRIEL	PAUL
GEORGE	PETER
GERARD	RAPHAEL
JAMES	SEBASTIAN
JEROME	STEPHEN
JOHN	THOMAS
JOSEPH	VALENTINE
JUDE	VINCENT

N R Z G T R K R B S W Z J E L
G S W A N T H O N Y K L I E Z
L O E B E J D Z E N X T A G R
K B H R H O E S W J O H U E D
P Z T I P T W R D J C P T S N
T V T E E P M E O I S E M A J
X O A L T P H H M M P S L W L
S L M L S G N P I L E O X E C
D R A R E G C O N U U J Q R M
X F E O B N V T I K Y B U D N
X Z R Q A J T S C E M J M N U
H G T L S E N I T S U G U A F
E R H V T D R R N P T U B D E
R I O R I T O H E E R G K J E
K R M A A N F C G S N R B A S
L U A P N I C H O L A S D Y I
U Y S H E M O E N M Y L L G A
S F R A N C I S N I T R A M L
V Z B E N E D I C T Q E V W B
E J X L P K A X H O F Q G K R

```
Q Q M O H W E A T H E R
O B O U N D E R A A C L
O K G S E A U C K W I O
Q E R E V E A L E D H E
I Y P E A V G Y H Y I R
S S R C E E A E E U C E
M E E U L N I E E L H V
Z B V D U I N Z D O U L
L I A D O N S B L K R F
A R I A F G T B P K C H
D C L S E E S I R A H P
X S E T I R C O P Y H D
```

"What Is a Man Profited"

AGAINST
BOUND
CHURCH
EVENING
FAIR
FOUL

HYPOCRITES
KEYS
LEAVEN
PHARISEES
PREVAIL
RED

REVEALED
SADDUCEES
SCRIBES
TAKE HEED
WEATHER
WHOM

```
R C D L W L I B R A R Y
E H E O Y N J R H E X S
T A L R D Y I I S C G O
T P U E U B S B N N K O
E T X C B T R O I A L W
L E V O O L P T G D S K
D R N R I A I I K R G C
E V I D G R Q K R O N A
R E I E W B M Q L C O L
S R S W A L X D P N S B
Z S C E Z E K M F O I V
W E P I S T L E G C Y O
```

The Holy Bible

BLACK
BOOK
CHAPTER
CONCORDANCE
EPISTLE
GOLD

HISTORIES
INDEXED
LAWS
LIBRARY
PAGES
RECORD

RED LETTER
RIBBON
SCRIPTURE
SONGS
VERSE
WRITINGS

```
X L X H D R D A B E T Y
L D P I M A G E L I H W
D F O F M E O M G S G T
E O B O D Y A U R R K S
L R C O L Y T L I E U J
K A U T A B S O G M M P
N L C S S R E V H O P R
I L R T A A S X T C Y I
R D N O C E S K H V B E
P Z I O X Y L I A D P S
S S L L U B A P N H A T
Z F N W O C O N D R Q E
```

"Sacrifice and Offering"

BLOOD
BODY
BULLS
COMERS
DAILY
FOOTSTOOL

FOR ALL
GOATS
IMAGE
PLEASURE
PRIEST
PURGED

RIGHT HAND
SECOND
SPRINKLED
VOLUME
WHILE
YEAR BY YEAR

```
H C A E T H G I L F T E
Y R T S I N I M L C T I
C N B X I I X D E A T H
O N O M R E S R T U E T
M W A G V A R X E I M R
I N U W A U W E R P P I
N O I S S E F N O C T B
G H H E I W Z V F E A D
K C R U C I F Y M E T K
P N J M S I T P A B I O
H E S N A E L C V I O A
J O U R N E Y S K V N Z
```

The Lord's Life

AGONY	CRUCIFY	NAMING
BAPTISM	DEATH	RESURRECT
BIRTH	FLIGHT	SERMON
CLEANSE	FORETELL	TEACH
COMING	JOURNEY	TEMPLE
CONFESSION	MINISTRY	TEMPTATION

```
Y P G T E M P O P X R X
S U I R R A D P G E E A
O H N O T S E H L C H L
R A G A L L E Y A A T A
P Z F P M L L L M R S S
E R V H G O L I O T E S
L I I C H A R L T O N E
R T M N W A M I R I A M
M Z K W C I P E Y R H P
V F E L X E J U D A H C
E L E V O N K I E H S K
H B Q A I C V K E C H Z
```

Ben-Hur: A Tale of the Christ

ARRIUS	HESTON	MIRIAM
CHARIOT RACE	JUDAH	NOVEL
CHARLTON	LEPROSY	PRINCE
EPIC	LEW WALLACE	ROMAN
ESTHER	MESSALA	SHEIK
GALLEY	MIRACLE	TIRZAH

Prior to the 1959 blockbuster movie, the 1880 novel and a Broadway play were huge successes.

```
S A K E S N T C R W J D
Y D E X E L P R E P T N
K G N I L D N A H O E U
O B W I D Y W F N D M O
O N O W M X D T D B P D
U E D R A W N I L H O E
T H T X Y I H N N G R R
W T S D A Z V E O J A I
A R A F V V E S S E L S
R A C D P N P S M F E O
D E W E N E R Z G D S R
E I F B L I N D E D T F
```

"Manifest in Our Body"

BLINDED	HANDLING	PERPLEXED
CAST DOWN	HIDDEN	REDOUND
CRAFTINESS	INWARD	RENEWED
EARTHEN	LEST	SAKES
FAINT NOT	MINDS	TEMPORAL
GOSPEL	OUTWARD	VESSELS

Trivia

Search

Look for words reading forward, backward, up, and down – but not diagonally.

When you've found all the words, the uncircled letters, reading from left to right and top to bottom, will spell out a Bible fact.

Use the blanks at the bottom to write out the uncircled letters, then break them into words.

SAMPLE PUZZLE

```
T S A M P L E L P M A S
S A M P L E L P M A S A
H M E S E L P M A S U M
N P C A I S A M P L E P
E L P M A S R C S L L L
L E E P E L P M A S P E
P L D L L L E T M A M T
M P E E P R E L P M A S
A M S A M P L E L P S S
S A S S A M P L E L P E
L S L T S A M P L E H I
S A M P L E L P M A S S
```

THE UNCIRCLED LETTERS

SPELL THIS

125

```
Y  S  A  W  B  O  U  T  R  O  O  M
R  T  E  E  R  T  S  H  E  L  F  O
O  A  N  P  C  E  M  A  N  S  E  H
T  N  E  U  H  N  D  R  E  D  M  L
C  D  N  I  U  L  L  I  O  N  B  I
E  I  I  E  R  O  T  S  K  O  O  B
R  B  L  L  C  E  H  O  T  E  L  R
S  A  N  S  H  R  E  S  O  L  O  A
H  D  O  S  O  R  G  I  V  E  O  R
O  N  A  A  W  A  Y  E  A  C  H  Y
M  A  L  L  E  T  O  M  H  Y  C  E
E  A  R  C  S  U  I  T  C  A  S  E
```

BOOKSTORE	MALL	ROOM
CHURCH	MANSE	SCHOOL
CLASS	MOTEL	SHELF
HOME	ONLINE	STAND
HOTEL	PEW	STREET
LIBRARY	RECTORY	SUITCASE

Output: _____

_____

```
Y  T  D  I  V  A  D  H  H  E  G  B
E  Y  R  E  G  N  A  M  C  I  N  D
N  T  B  T  L  W  H  E  R  E  I  L
R  I  E  I  S  N  N  H  A  R  K  I
U  V  E  D  L  R  V  E  E  A  E  H
O  I  R  I  E  O  M  L  S  T  E  C
J  T  N  N  M  B  T  H  I  S  O  N
S  A  T  G  A  H  S  T  F  I  G  O
W  N  S  S  C  M  A  E  N  R  Y  W
I  S  A  E  M  E  N  B  V  H  I  S
I  T  E  M  A  E  R  D  E  C  D  J
E  D  E  P  A  R  T  E  D  S  U  S
```

BETHLEHEM	DEPARTED	MANGER
BORN	DREAM	NATIVITY
CAMELS	EAST	SEARCH
CHILD	GIFTS	STAR
CHRIST	JOURNEY	TIDINGS
DAVID	KING	WHERE

Magi: _____

_____

```
O V E R H Y H T O M I T
A L F O P H I L E M O N
N R O M E P I S T L E I
O F T A N T I O C H H A
I E N G O S P E L U A S
S N A I T A L A G E W T
R Y T R A M T E S T A M
E L P I C S I D E N T B
V O O K S A T A R S U S
N R U T E R U C R E A T
O T R A P O S T L E I B
C U T E D T O S P A U L
```

ACTS	EPISTLE	ROME
ANTIOCH	GALATIANS	SAINT
APOSTLE	GOSPEL	SAUL
ATONE	MARTYR	TARSUS
CONVERSION	PHILEMON	TIMOTHY
DISCIPLE	RETURN	TITUS

Contributors: _____

_____

```
T H R E D N U L P E L S
P R O P H E T E S S O U
T H G I E R E T P A H C
N G R N E P E T S S T S
W O E O R H D E E S J A
I J A S H U B R N Y U M
N T T H A R H S O R D A
E B R E I R I B E I A D
L E O A A Y E T S A H I
S M L R S A M A R I A A
H E L L I O P S E R S H
A L A L H A S H V B A Z
```

ASSYRIA	ISAIAH	PROPHETESS
CHAPTER EIGHT	JASHUB	SAMARIA
DAMASCUS	JUDAH	SHEAR
GREAT ROLL	LETTERS	SON
HASTE	PEN	SPOIL
HURRY	PLUNDER	VERSE ONE

18 letters: _____

_____

```
T  H  E  K  I  T  A  E  R  G  N  G
J  S  I  R  G  I  T  D  E  L  T  A
N  I  A  L  P  A  M  E  V  H  S  S
F  L  O  W  I  N  G  B  I  C  I  I
Y  A  W  R  E  T  A  W  R  N  H  B
L  E  N  E  V  B  E  R  M  A  P  E
E  U  P  H  R  A  T  E  S  R  M  S
R  O  E  Y  N  N  T  I  B  B  E  O
F  L  O  O  D  K  O  N  R  S  M  U
C  A  I  R  O  S  T  H  O  E  N  R
I  L  M  A  E  R  T  S  O  E  B  C
E  G  Y  P  T  Y  N  A  K  M  E  E
```

BANKS	EUPHRATES	RIVER
BRANCH	FLOOD	SOURCE
BROOK	FLOWING	STREAM
CAIRO	GREAT	TIGRIS
DELTA	MEMPHIS	WATERWAY
EGYPT	PLAIN	YEOR

Wording: _____

_____

```
T N H E L D R O L E H T
S I H R O F O R E V E R
O N N G E S T A N D S U
H E O M E R C I F U L T
R T T E S D E R D N U H
B E D K I N D N E S S T
L E R S A T C H Y A P E
E N A G R E A T L T E R
S R W S P E O P L E A U
S N O I T A N R A E B D
E O T S E V E N T E E N
D T H I N P S A L M S E
```

ALL YE	HUNDRED	PEOPLE
BLESSED	KINDNESS	PRAISE
ENDURETH	MERCIFUL	SEVENTEEN
FOR EVER	NATIONS	THE LORD
FOR HIS	NINETEEN	TOWARD
GREAT	ONE	TRUTH

Extremes: _____

_____

```
T H E R E C O R D B I R
B L E N T C R E A T E E
E W A W A S W R I T T L
T E N O R O H T U A I A
A N E D O A C C O U N T
L I S T B D O H E B R E
U E I U A R M P O S T W
M G V P L A P R E C E E
R T E L L W O K A R T N
O N R D O U S A R I I T
F A M A C P E I C B D E
E L C I N O R H C E E R
```

ACCOUNT	DRAW UP	PUT DOWN
AUTHOR	EDIT	RECORD
CHRONICLE	ENTER	RELATE
COLLABORATE	FORMULATE	REVISE
COMPOSE	LIST	SCRIBE
CREATE	POST	TELL

Originally: _____

_____

```
D T E T E X T H E B I B
R L L N A R E T T E L E
O W C E Z A S F I R S T
W D I M N I C L A U S E
V I T G A D H E G A P E
D I R E T N A T O V E R
E G A S S A P S E S I N
T O P I C T T H E F I F
T E P I E C E S A R H P
E M E H T B R A N C H E
N P O R T I O N T H C E
N T U N O I T C E S R Y
```

ARTICLE	PART	SEGMENT
BRANCH	PASSAGE	STANZA
CHAPTER	PHRASE	TEXT
CLAUSE	PIECE	THEME
LETTER	PORTION	TOPIC
PAGE	SECTION	WORD

Numbering: _____

_____

```
O B B H A N O J O E L E
A O H A I M E R E J D Z
S J N M I A H H I S T E
A U E O H E A O N L Y K
M D H S O L B D T E S I
U G E D T H A E S O H E
E E M A A A K S M E A L
L S I N N G K T T B C K
O O A I R G U H K W I I
I T H E U A K E H J M N
U S T L T I O R N E C G
H A M U H A N P T E R S
```

AMOS	HOSEA	KINGS
DANIEL	JEREMIAH	MICAH
ESTHER	JOB	NAHUM
EZEKIEL	JOEL	NEHEMIAH
HABAKKUK	JONAH	RUTH
HAGGAI	JUDGES	SAMUEL

Singular: _____

_____

```
R E D N A X E L A T H E
D E L T A W I A M M A G
O R D B I B O T G L E C
M O M E S F T E I R O M
A D B M A L A B S R H O
C T H O U E G R E E K M
E W Z M A O R D B I B I
D L E E T K A P P A I C
O A T G N O L I S P E R
N W A A H I P I C H M O
I E A N S N H T H E B N
A O O K S E A T H E N S
```

ALEXANDER	GAMMA	OMEGA
ALPHA	IOTA	OMICRON
ATHENS	KAPPA	RHO
BETA	KOINE	SIGMA
DELTA	LAMBDA	TAU
EPSILON	MACEDONIA	ZETA

Origin: _____

_____

```
T  H  E  B  I  C  L  A  Y  B  L  W
E  S  E  S  O  M  W  A  S  W  R  E
M  A  L  A  C  H  I  I  T  T  E  N
N  O  V  G  N  I  N  N  I  G  E  B
T  A  B  L  E  T  S  E  R  A  S  D
I  S  L  L  O  R  C  S  X  T  N  L
H  T  N  E  M  A  T  S  E  T  H  O
A  A  U  T  H  O  R  E  E  N  O  L
R  K  I  N  G  D  O  M  E  H  J  U
O  S  P  A  N  U  N  D  N  R  E  A
T  A  U  H  S  O  J  D  D  Y  E  P
A  R  P  E  E  M  I  T  R  I  O  D
```

AUTHOR	KINGDOM	SCROLLS
BEGINNING	MALACHI	SPAN
CLAY	MOSES	TABLETS
END	NEW	TESTAMENT
JOHN	OLD	TIME
JOSHUA	PAUL	TORAH

Length of time: _____

_____

```
T H E W D I V A D O Y R
D L O R N D A P P E A A
R M E L A S U R E J D S
M C H I L D R E N O R E
O K I N G F D T E B N I
F N T E Y T N E A R T H
A H H S T H A L I E E B
T J E U I I H P S T I B
H E A O C N L O R H E T
E S V H H G H E A R T A
R U E N A S N P E E Y O
T S N H E R N O L N U N
```

BRETHREN	FATHER	JERUSALEM
CHILDREN	HAND	JESUS
CITY	HEART	KING
DAVID	HEAVEN	LAND
DAY	HOUSE	PEOPLE
EARTH	ISRAEL	THINGS

Most: _____

_____

```
S H C F D N M S P S S F
S T I B U C X I S T W V
T U L I A M F O T A O C
O O L Y C I G E P V R A
N Y L P V S L C B E D B
E U W E G V H E I S A W
S K X E D A F I A D V F
M J P V M L E U X A I Y
B M I P N L L I D G D T
G D I G E E L A H D R D
Z O O N Q Y O T U W S B
N P G Y Z K P R P H N O
```

"Goliath, of Gath"

BRASS	FELL	SIX CUBITS
CHAMPION	FIGHT	STAVES
COAT OF MAIL	FIVE	STONES
DAVID	PAW	SWORD
ELAH	RUDDY	VALLEY
ELIAB	SAUL	YOUTH

```
S N A D L S S F C B B B
X A W F T N K R L F V H
D G C V Q E F K Y U O O
O R I K T J R K S R T R
S O M M B E G B N O E E
L D B I G U K H A R P M
A S G N I R T S I T M I
B F I S D E S P C K U C
M S Q T N Z G G I X R L
Y J Y R E T L A S P T U
C N O E I G A F U O E D
G C R L L E R B M I T Z
```

Music in the Bible

CORNET	MINSTREL	SINGER
CYMBALS	MUSICIANS	STRINGS
DULCIMER	ORGAN	TABRET
FLUTE	PIPE	TIMBREL
HARP	PSALTERY	TRUMPET
HORN	SACKBUT	VIOL

```
S U P A T E N H K V B O
S N R S Z X E H B E J A
A R A K U I L E A S H B
L E Y M I F D C J T Y W
G T E A M I N I O M M W
D C R E Z C A L Z E N U
E E B U Y U C A P N A T
N L O T A R C H L T L K
I I O A A C A C R O S S
A O K T A P E S T R Y L
T Q L S S R E W O L F P
S A Y Q W W A F E R U V
```

Things in a Church

ALTAR CLOTH	FLOWERS	STAINED GLASS
ARCH	HYMNAL	STATUE
CANDLE	LECTERN	STOLE
CHALICE	PATEN	TAPESTRY
CROSS	PRAYER BOOK	VESTMENT
CRUCIFIX	ROSARY	WAFER

```
E  G  N  I  A  G  A  E  M  O  C  O
V  G  X  S  P  O  F  V  E  H  A  Q
I  U  H  G  L  C  W  E  C  R  M  A
E  M  O  N  A  V  O  I  N  L  G  E
C  I  L  I  C  C  R  L  E  J  W  K
E  H  Y  H  E  F  K  E  H  D  H  O
R  W  G  T  F  F  S  B  O  K  E  I
A  O  H  L  O  I  L  G  G  C  R  S
P  N  O  L  R  N  N  E  Z  P  E  J
E  K  S  A  Y  I  N  G  S  H  I  I
R  E  T  R  O  F  M  O  C  Y  A  T
P  G  H  T  U  R  T  E  H  T  M  I
```

"I Am the Way"

A PLACE FOR YOU	COMFORTER	PREPARE
ALL THINGS	GO HENCE	RECEIVE
ARISE	HOLY GHOST	SAYINGS
ASK	IN GOD	THE TRUTH
BELIEVE	KNOW HIM	WHERE I AM
COME AGAIN	MYSELF	WORKS

```
Y A D H T N E V E S X Y
I D E E T F W E D H L W
A N I A R L T I A X N R
A W I L D E R N E S S U
F W O R M S H F R I U M
D A C S O H E T B A S R
J X Q S R P A Q A R E U
R E U N N O R W U G U M
V D A V I T E E N K N J
T H I K N S T U M Y X T
U O L O G E H D F O N G
L T S O R F R A O H Q F
```

"It Is Manna"

BREAD	HUNGER	RAIN
DEW	METE	SEVENTH DAY
FLESH POTS	MORNING	SIN
GATHERED	MURMUR	WAXED HOT
HEARETH	OMER	WILDERNESS
HOAR FROST	QUAILS	WORMS

139

```
F O E R E H T F A Y K D
O Y U N D Y L D O O G E
R B L Y K J U E B W M E
S E F I F A M P H I O H
A F P M R I U I M L R E
K A A R T E T V M A R K
E L S Z C H V C U C O A
X L S N E I Z X N J W T
W H E R E U N T O A S N
B H T S W U K J Q N S D
T Y H Z T J X Z A D Z B
U N B E S E E C H H Z K
```

Biblical Words II

ART
BEFALL
BESEECH
CANST
FORSAKE
GOODLY

LEST
MORROW
PASSETH
SANCTIFY
TAKE HEED
THENCE

THEREOF
TUMULT
VERILY
WHEREUNTO
WHITHER
WOE

Kings in the Bible

ABIJAM	JEHOSHAPHAT
AGAG	JEROBOAM
AHAB	LEMUEL
AMRAPHEL	NADAB
ARIOCH	OMRI
ASA	PIRAM
AZARIAH	SAUL
BAASHA	SHALMANESER
BERA	SHEMEBER
BIRSHA	SHINAB
CYRUS	SOLOMON
DAVID	TALMAI
ELAH	TIBNI
HANUN	TIDAL
HEROD	UZZIAH
JAPHIA	ZEDEKIAH

```
T T D H G D L N Q X Q F S N D
I A V A H F G M Q B C H I H O
M H A H X Z L M S X I L K F R
J P O S D V A A R N H A U D E
F A B R G J D O A Z A R I A H
X H E I I T I B N I L M N X S
K S R B L S T O D H E X S Y P
A O A N F V H R Q P Y R V Y L
S H A L M A N E S E R K W A H
A E A I H P A J M P Z N H X U
G J I I R M O D W E K T C T B
A T P A K E A P C N B Q O A E
G M A M G E F R Z N A E I T Q
L I R L M L D L I S D K R H J
A H S A A B P E F P A A A H A
Z C U T P L G M Z S N I V A F
W O R S I H N U N A H A B I N
G Q Y K G I E E V I D S S Z D
K T C J J S O L O M O N Z Z H
E Z N S F S P Q N L D W V U N
```

```
Q J L V G A P S H H V D
N U X U M C R X H S N M
O S B A T A R S H I S H
I D N S G S R L W F P L
T B I I S T O I Z T T Q
A S N D R L W I N A N U
P G E N X O E B Y E R V
U O V P A T D E T R R X
C U E A M S F H P G F S
C R H U X E G S S E A A
O D V O M I T E D Q R G
Y N Y L L E B R O K E N
```

Jonah

BELLY
BROKEN
CAST LOTS
FARE
GOURD
GREAT FISH

LIGHTEN
MARINERS
NINEVEH
OCCUPATION
RAGING
ROWED

SHIP
SLEEPER
TARSHISH
TEMPEST
VOMITED
WIND

```
S F F F K I N D R E D U
D E Y O R T S E D O R R
E S W K P S T B K H O A
D S S P T E S B H C L M
B A H A R V E S P I E S
L P O C U E I O R R H H
O M U C M N R S K E T O
W O T U P T P E L J F R
I C N R E I M V W B O N
N I R S T M A J F A K S
G T U E S E C O C C R U
W Y B D Y S D H R W A D
```

"The Wall Fell Down"

ACCURSED
ARK OF THE LORD
BLOWING
BURNT
CAMP
CITY

COMPASS
DESTROYED
JERICHO
KINDRED
PRIESTS
RAHAB

RAMS' HORNS
REREWARD
SEVEN TIMES
SHOUT
SPIES
TRUMPETS

143

```
C Y L S A I K E Z E B W
W P U Z T Y B L Z C F D
D E N H B E A R B I Z Q
B F A E E P H R O N E H
E R A S T U S H Z U T Q
L R E H P E M A L E H Y
O E T A G L T F B S A A
N G E N O C H A F T N Z
O C D A V C S E M H E M
L E M K F I O S B E Q K
G H V L L U R A D R C C
E L I E L I H U Y B K B
```

With E's

EGLON
ELAM
ELIEL
ELIHU
ELISABETH
ELKANAH

ELON
ENOCH
EPHER
EPHRON
ERASTUS
ESAU

ESTHER
ETHAN
EUNICE
EVE
EZEKIAS
EZRA

```
D R D E T U C E S R E P
D R A W E R U P Z B C M
E Y L E S L A F L O K W
L L U F I C R E M C I Z
L Q D J K I S F H G N N
I T B D D S O I U N G U
F K U G E R L N N R D P
Q Q E D T D Z H G U O E
P S F E R A Y E E O M V
J M D E M O G R R M V W
D F N Y T I R I P S Z W
U J T S R I H T T Q T I
```

The Beatitudes

BLESSED	HUNGER	PERSECUTED
CHILDREN	INHERIT	POOR
COMFORTED	KINGDOM	PURE
FALSELY	MEEK	REWARD
FILLED	MERCIFUL	SPIRIT
HEART	MOURN	THIRST

```
Q W Y A M A Z E D D M T
K I N S F O L K O O S S
N X A T U W W C V A P O
E C P O Q P T G E X E R
W F M N P O P F S R B R
N J O I R A I O U N U O
O D C S W L R T S M S W
T P L H L T A E R I I I
Q Q U E S T I O N S N N
F B D D S Y H X D T E G
M F I E S G N O R T S Q
X M Z E T E M P L E S J
```

"And the Child Grew"

AMAZED	FILLED	SORROWING
ASTONISHED	KINSFOLK	STATURE
BUSINESS	KNEW NOT	STRONG
COMPANY	MIDST	SUPPOSING
DOCTORS	PARENTS	TEMPLE
FEAST	QUESTIONS	WISDOM

```
B G D G Q N S P F T V C
I X F M A T P E A F H E
N F P X A B E H K A V L
J T I F U W A O R X N X
P P F G T M R I H W O B
N J O H M K O G S L A S
K O I E P T N I G E C S
Y W R K M E C I I S N A
K O O D A K P N F U X P
G H K L L S H O V E L M
F I R E P A N A I L S O
U X L H H B C N M K Q C
```

Biblical Props

AXE	FIREPAN	SAW
BASKET	HAMMER	SHOVEL
BOW	KNIFE	SICKLE
CALDRON	LAMP	SPEAR
CHARIOT	NAILS	STAFF
COMPASS	PLOW	YOKE

One-Word Search

All you have to do is find one word. Easy, right? Try it and see.

147 Find: **FAITH**

```
T H T I T F H
H T F A F T T
A I I F H H F
T A I F F A H
I F T A I F A
A F F T T T A
H A I F H F A
```

148 Find: **PEACE**

```
P P P E C A C
P A C E A P C
C E E P E E C
C A C P P C P
E E A C A P C
P E E C A P P
C P P P C P E
```

149 Find: **LOVE**

```
L E E O V E L
E E E V V E L
V L V E V V L
V O L O V O V
O L L E O V L
V O E L L L L
V E E O L V V
```

150 Find: **JOY**

```
O O O J Y O Y
O J Y O O Y J
O O Y O O O J
O O J O O J O
Y J Y J Y O O
J J J O J O J
Y O Y J O J Y
```

151 Find: **KNEEL**

```
L K K L N K L
K E N E N N K
L E L E N K L
K K N E E K N
L K E N K L N
N K L E L K E
N K L E K L L
```

152 Find: **HONOR**

```
N R O H N R N
R H O N R H O
O R O N H H R
H O O N O O O
N O N H N O H
H R O O N R H
R N H N N O H
```

153 Find: **PRAY**

```
A P Y P P A R
P R Y R Y Y A
A A P Y P A P
R P A P Y R P
A P P Y R P A
P P A A A A R
P Y R Y Y P R
```

154 Find: **PEW**

```
E P W P W P P
P E E W W P W
E P W E E P W
E E W P W W P
E P W P W P W
W P W E E E W
E P E P W P E
```

```
W D E N E P O S Z I X P
V C T F U L F I L O E G
N A D R O J E P H Q S G
R M G O O D F R U I T W
X E S A I A S E I G R I
H L N F W A R P Q F A L
N S S R W S E A G B I D
K H T G A D P R R L G H
E A O E T G I E B R H O
U I N J E D V Z P I T N
K R E Q R E P E N T Y E
D E S A E L P U R M H Y
```

"He Was Baptized"

CAMEL'S HAIR
ESAIAS
FIRE
FULFIL
GARNER
GOOD FRUIT

JOHN
JORDAN
OPENED
PLEASED
PREPARE
PURGE

REPENT YE
STONES
STRAIGHT
VIPERS
WATER
WILD HONEY

154

```
R E P E E K E T A G E K
E E E F O I A G N L Y R
D C K O K C Z I D F H K
L R C A R M L N L U P G
I A A A B E B A N I J O
U F R U R R V T W W T Z
B T C I G P E A E Y X F
R S H V X R E H R Y E A
P M E Z Q N W N S G L R
G A R D E N E R T I N M
C N A M E S R O H E F E
I A M B A S S A D O R R
```

Biblical Roles A-L

AMBASSADOR	CRAFTSMAN	GUARD
ARCHER	ENGRAVER	HIRELING
BAKER	FARMER	HORSEMAN
BUILDER	FISHER	HUNTER
CARPENTER	GARDENER	JUDGE
COOK	GATEKEEPER	LAWYER

```
O K I X N R E T I R W G
R W U J M A M E V A L S
P H Y S I C I A N N Y J
L Q C C N M D C S B T I
A G N H I E W H I O A V
N S A O S R I E N G N H
T H M L T C F R A Q A M
E E W A E H E L V V F M
R A O R R A B B I M E I
E R L P T N A V R E S R
Q E P F X T O F N X P A
P R O P H E T M Q Z D Q
```

Biblical Roles M-Z

MAGICIAN	PLANTER	SERVANT
MASON	PLOWMAN	SHEARER
MERCHANT	POET	SLAVE
MIDWIFE	PROPHET	TEACHER
MINISTER	RABBI	WEAVER
PHYSICIAN	SCHOLAR	WRITER

```
M N N B M A L J B N J S
E U G A L P N E K O T X
M H S D M O N T H I D P
O O T E U S O Y S T N H
R U R N Y I A D G A R E
I S I E E D E N Z G O V
A E K V G E L N D E B R
L S E A Y P T E D R T E
C J I E P O T R T G S S
Z L T L T S M H U N R B
G U Y N X T Y T C O I O
F B X U U S A D Y C F L
```

"The Lord's Passover"

BLOOD	HOUSES	PLAGUE
CONGREGATION	LAMB	ROAST
DAY	LINTEL	SIDE POSTS
EGYPT	MEMORIAL	STRIKE IT
FIRSTBORN	MONTH	TOKEN
FOURTEENTH	OBSERVE	UNLEAVENED

```
D J F Z D E I R R A C V
O V A E H Y Y H R S U X
K D E T T O L B M V S D
S H S S E N I L O H O I
L U F I T U A E B O N A
H Q N M I H D E T F I L
C E R O H R M S G A T E
P L A T K S Q O E H W A
E F I L F O E C N I R P
T Q Q A E N O K X Y A I
E O Y M H D L L Q T O N
R G R E F R E S H I N G
```

"Rise Up and Walk"

ALMS	HEALED	LIFTED HIM
BEAUTIFUL	HEED	LOOK ON US
BLOTTED	HOLINESS	PETER
CARRIED	LAID	PRINCE OF LIFE
DAILY	LAME	REFRESHING
GATE	LEAPING	STOOD

```
X V B I B L E E I I X J
E E R U T A R E T I L Z
F V O M Y C O L L E G E
C T T G U V A Y T N D P
S S H C M V R P U I H I
J I E S I T C H U R C H
B T R T S S B N I T A S
U N S I S O U A C C E R
T E N N I D R M M O R O
F I O I O A I E I D T W
M C U D N C A O O A U Z
I S C H O O L M R V O F
```

Christian ____

BIBLE	DOCTRINE	MUSIC
BROTHERS	FESTIVAL	NAME
BURIAL	ICON	OUTREACH
CHURCH	LITERATURE	SCHOOL
COLLEGE	MINISTRY	SCIENTIST
DIOR	MISSION	WORSHIP

Good ... and ... Bad

Circle the good words (left column, left grid),
cross off the bad words (right column, right grid).

CHARITY	ANGER
FAITH	CORRUPTION
FIDELITY	COVET
FORGIVENESS	DEVIL
GOD	GREED
HEAVEN	HATE
HONESTY	HELL
HONOR	KILLING
HOPE	LUST
JESUS	LYING
KINDNESS	MALICE
LOVE	REVENGE
MERCY	SATAN
PEACE	SIN
PURE	TEMPTATION
RIGHTEOUS	THEFT

V	S	C	A	Q	L	Z		N	F	Z	L	T	X	R
B	J	U	H	K	W	K		T	T	Y	S	L	E	V
Y	I	W	S	G	X	L		H	R	I	L	V	E	T
T	C	F	U	E	O	A		T	Y	U	E	C	T	H
C	F	R	O	V	J	H		L	S	N	I	O	A	E
H	O	N	E	S	T	Y		T	G	L	C	R	H	F
A	R	E	T	M	Q	G		E	A	Y	O	R	G	T
R	G	V	H	E	E	Z		M	X	I	Q	U	T	G
I	I	A	G	P	T	M		P	G	N	H	P	H	U
T	V	E	I	O	P	Q		T	D	G	Y	T	S	P
Y	E	H	R	H	D	U		A	T	A	M	I	C	A
T	N	S	O	U	W	O		T	N	H	N	O	H	Z
I	E	S	A	N	P	E		I	S	G	V	N	N	T
L	S	E	L	T	O	S		O	A	E	E	L	H	P
E	S	N	C	A	Y	R		N	T	Y	L	R	K	H
D	Y	D	X	A	Y	I		B	A	L	F	F	Y	L
I	O	N	T	L	E	K		G	N	I	L	L	I	K
F	A	I	T	H	I	P		B	Z	P	R	V	Y	Y
N	T	K	V	K	E	G		Y	G	R	E	E	D	F
V	L	E	F	V	U	T		K	C	D	A	Y	U	S

162

```
F E X Y F S B B B X S J
P L V D K T R C D Y N T
M A T I W N G U A T I K
Q N R L L N C H E E S E
O O U T A O B L R R I G
C M O X R S L R B Z A K
M A L I V I N E G A R H
A N F R M N D U S G O S
F N J Z I E K G Y N F I
P I I W N V K L E E K F
I C G S T U N Y M R C U
R N A F E G I D I C Q T
```

Foods of the Bible II

ANISE	HONEY	PARTRIDGE
BREAD	LEEK	RAISINS
CHEESE	MILLET	RUE
CINNAMON	MINT	SALT
FISH	NUTS	VENISON
FLOUR	OLIVE	VINEGAR

```
F N R U O J O S C A K E
R D J R E G N A R T S V
Y E O K I X Y C N O C A
Z L L I W E E R F N X E
K G I G N Q U I A E O H
Z N O N R B I F A M Z T
Q I F O O U T I E E E J
E M O R U L E C V N F M
Y T N A V L E E T T Y R
O N I N O O W H G U O D
T F H C F C S A V O U R
K B Y E J K A S R O R L
```

"Make an Offering"

ATONEMENT	HEAVE	SAVOUR
BULLOCK	HIN OF OIL	SOJOURN
BURNT	IGNORANCE	STRANGER
CAKE	MINGLED	SWEET
DOUGH	RAM	TENTH
FREEWILL	SACRIFICE	YOUR

```
B L Z U M T S V W V P I
L N O I T A N P P Q L N
D L I Y R A R I L H T U
H V D A A D O B E H O M
U X I N C I S R A E L F
U S A R A H R R M E K A
R C M M S E U Y H Y P X
I C D M H T L T S N R N
F S N T E W E N I M A F
M H A K E B E R A G A H
A F H A R A N F A X K J
T P R P C Z W J O H R O
```

Abraham

ABRAM	HANDMAID	LOT
BETHEL	HARAN	NATION
CANAAN	ISAAC	REBEKAH
FAMINE	ISHMAEL	SARAH
FATHER	ISRAEL	SARAI
HAGAR	KETURAH	TERAH

```
N F H D T W K Z V B J L
A W C C E P R E S E N T
M I H Y U M F A M G A M
O M I J E D R L C G D T
W S L E Y E E O G A O J
E W D H R T L U F R P P
E E R O O N E S A L T R
R A E W G I M L S Y I O
F K N B E O E Y S O O M
Q C N E L P N I A V N I
L G Z I L P T U T O R S
Q R D T A A S Y W E P E
```

"Under the Law"

ADOPTION
ALLEGORY
APPOINTED
BEGGARLY
CHILDREN
ELEMENTS

FORMED
FREEWOMAN
HOWBEIT
IN VAIN
NO GODS
PRESENT

PROMISE
REDEEM
SONS
TUTORS
WEAK
ZEALOUSLY

```
G B K K F I Y J T R L S
T X G K L I N E N A O E
F M N Z A I L N E M O H
I M S Q X E S D M S W C
G C W K C G S I R S J E
L M S A I L J A A K B E
E T R R A R O D G I P R
A B D D X C T E N N O B
V L N W Q L B M H N J Z
E A R E Q O U H K Z G F
S E G F R A Y R X D G N
H T O L C K C A S J Y W
```

What They Wore

BONNET	FIG LEAVES	ROBE
BRACELET	FLAX	SACKCLOTH
BREECHES	GARMENT	SANDALS
CLOAK	GIRDLE	SILK
COAT	LINEN	SKIRT
DIADEM	RAM'S SKIN	WOOL

```
M Y L H C I R S Q B M V
H F O R G I V I N G E L
E I O L E R R A U Q L S
A T G S Q P M F D E E D
R R U S M W L F E M C I
T O N E E S L E W O B N
I M C N I J T C E L E G
L U F K N A H T N L M L
Y O K E U D B I E Z U O
D I O E K O V O R P U R
V D U M I S F N V Z N Y
S S E N T C E F R E P C
```

"Christ Is All"

ABOVE
AFFECTION
BOWELS
DEED
ELECT
FORGIVING

HEARTILY
IN GLORY
MEEKNESS
MORTIFY
NEW MAN
PERFECTNESS

PROVOKE
QUARREL
RENEWED
RICHLY
RULE
THANKFUL

Proverbs

(Search)

A quote from the Book of Proverbs runs through the grid in a continuous line.

Each word in the quote starts one letter away from the end of the previous one. So, once you find a word, move one letter either left, right, up, down or diagonally from its last letter to begin the next word.

Although the quote's path changes direction, each word within the quote follows a straight line.

The length of each word is shown in parentheses.

The quote will never cross over itself or use the same letter twice.

SAMPLE PUZZLE

R	T	H	I	S	B	X	L	J	D	O	B
L	L	U	X	I	G	G	H	U	P	M	E
O	I	U	P	S	M	S	A	M	P	L	E
B	C	D	U	H	A	P	P	Z	L	T	A
S	X	D	R	W	I	I	L	K	O	A	Y
W	A	Q	U	G	W	O	H	S	K	K	T
B	G	F	U	O	Y	S	D	X	C	F	T
S	S	H	T	X	Z	B	N	M	O	O	H
B	O	N	J	H	D	O	N	E	M	M	E
W	U	S	O	L	V	E	M	J	F	S	S
T	O	V	C	D	W	Q	M	P	K	L	E
Z	F	R	E	T	S	E	L	Z	Z	U	P

1. ___THIS___ (4)   6. ___SHOW___ (4)   11. ___ONE___ (3)
2. ___IS___ (2)   7. ___YOU___ (3)   12. ___OF___ (2)
3. ___A___ (1)   8. ___HOW___ (3)   13. ___THESE___ (5)
4. ___SAMPLE___ (6)   9. ___TO___ (2)   14. ___PUZZLES___ (7)
5. ___TO___ (2)   10. ___SOLVE___ (5)

– Proverbs

```
V U D T E A N F G T P R
C R T B F B X E S V E I
B V (H O W) M K H S T Z S
A O Q T T U L G T N M I
H R A P R C J E F E N T
B D D O Q H B B K V T R
J L R Q R S S T M O L S
S O P X S T M B W G K Y
J G N N M N E U M E Q W
O S A X R L H G O T O Z
C W H M O D S I W U U Y
D M T K Q K J I W I X S
```

1. ___HOW___ (3)   5. _____ (2)   9. _____ (4)

2. _____ (4)   6. _____ (2)   10. _____ ! (4)

3. _____ (6)   7. _____ (3)   – Proverbs 16:16

4. _____ (2)   8. _____ (6)

```
S K O T A I V M N Q P F
U R O J N A M M K L A R
J P R D S X J L L R L G
V U K O M Q T U O B E H
X A L E X E E F M P N X
W I E T T D S I E C O L
I E O H N A G C L N A U
M P G M U W U R S A V O
E D O U Z I V E J E L S
I X O U (T H E) M K P N M
O R D W M C T K J W E R
T Y V T O H I S O Z X R
```

1. ___THE___ (3)   5. _____ (4)   9. _____ (4)

2. _____ (8)   6. _____ (2)   – Proverbs 11:17

3. _____ (3)   7. _____ (3)

4. _____ (5)   8. _____ (3)

```
N O I T C U R T S E D E
A P Q G F S E H M Y K R
N J H A U G H T Y W O O
D A N J W A V M S Y K F
U J X R E L W L P K P E
X O A V L T L J I Q J B
R M R A E A M I R R H B
T Q F S Q B O T I V T K
S A J K O P U Z T M E N
E E E R O F E B B B O N
N N T L R S Y O N Z G L
C S Z D D (P R I D E) M V
```

1. ____PRIDE____ (5)   5. _____ (3)   9. _____ (6)

2. _____ (5)   6. _____ (2)   10. _____ (1)

3. _____ (6)   7. _____ (7)   11. _____ (4)

4. _____ , (11)   8. _____ (6)   – Proverbs 16:18

```
S N V S R E B R E Q C C
E Z O S B Y U B N D P A
H W N T K T R I O A S N
T F T M L E N O V Q Y A
O I O O A N E T M R M L
L U U P E H D J K A V Z
C S V L L K A W N S P P
U I M R H G L Z T B J T
D H G Y F M O M R A U L
N B H V J S I H P T K K
A M O S O B V N J M J E
J T O G K W T I E R I F
```

1. _____CAN_____ (3)   6. _____ (2)   11. _____ (7)

2. _____ (1)   7. _____ (3)   12. _____ (3)

3. _____ (3)   8. _____ , (5) 13. _____ (2)

4. _____ (4)   9. _____ (3)   14. _____ ? (6)

5. _____ (4)   10. _____ (3)

– Proverbs 6:27

```
M A E R V N O W T Y X A
B U A P P R E T T E B R
W T D J T Z C G B W M S
V L O H X Q R S F X I V
O X A F H G Y F A E T Q
H N R C C D M Z D K R J
S M N R E A X N H U I U
E S G N Q L G V K B O S
C K S E B W T K L E V T
R S Q O H (O P E N) R M P
E Z R T A N Q T B Z V E
T L O V E P I O N R S J
```

1. ___OPEN___ (4)   4. _____ (6)   7. _____ (4)

2. _____ (6)   5. _____ (4)   – Proverbs 27:5

3. _____ (2)   6. _____ (6)

```
G H T E O D T Z A H Ⓐ M
P O S N U G Q R W G V E
O P O J V H G R A W H R
Q M Q D L I K E M E K R
E N I C I D E M A L H Y
B T P M Z C B L M J Q Z
U U P O F W N L E H T H
T U O U S E N O B B Z T
F A V H G Z Q U U X J E
B R O K E N M V O I W I
N M E E U S P I R I T R
T Z A D S P L Y K X T D
```

1. _____A_____ (1)   7. _____ (1)   13. _____ (6)

2. _____ (5)   8. _____ : (8)   14. _____ (3)

3. _____ (5)   9. _____ (3)   15. _____ (5)

4. _____ (5)   10. _____ (1)   – Proverbs 17:22

5. _____ (4)   11. _____ (6)

6. _____ (4)   12. _____ (6)

```
H  T  E  R  E  V  O  C  M  Q  E  N
P  A  F  F  O  F  R  N  E  V  O  L
M  N  L  O  E  W  Z  S  Q  U  H  T
A  C  T  L  V  G  R  P  O  U  H  U
V  A  D  J  S  I  N  S  V  W  P  B
N  H  T  Q  H  N  R  G  G  K  S  M
W  A  O  N  M  T  N  E  M  Z  E  U
T  T  E  B  E  A  I  S  Q  J  F  K
B  R  O  N  V  L  H  S  Y  T  I  Z
P  E  O  L  X  M  U  V  T  N  R  A
P  D  M  U  U  S  Z  N  U  K  T  O
S  T  I  R  R  E  T  H  M  P  S  V
```

1. ___HATRED___ (6)   5. _____ (3)   9. _____ (4)

2. _____ (8)   6. _____ (4)   – Proverbs 10:12

3. _____ (2)   7. _____ (8)

4. _____ : (7)   8. _____ (3)

```
Ⓐ K R G U H A E Q N F R
S M V Z W O P Y K X P N
O Q W S U O V E I R G M
F U J W B Q V R M Z T R
T M Q O M K I U P S U Q
X A R R B T B Q A P B H
D N U D S Z J J N N G H
J S U S K T I H G U M T
C W U U U V Z V E G T A
K E Q K L V Y Q R Q L R
U R B L M J P K M D M W
T U R N E T H A W A Y Z
```

1. _____A_____ (1)   6. _____ : (5)   11. _____ (2)

2. _____ (4)   7. _____ (3)   12. _____ (5)

3. _____ (6)   8. _____ (8)

4. _____ (7)   9. _____ (5)   – Proverbs 15:1

5. _____ (4)   10. _____ (4)

```
W  O  M  A  N  Y  V  M  L  J (A  S)
R  P  Q  X  W  H  I  C  H  I  P  A
I  J  T  U  O  H  T  I  W  S  R  J
A  D  I  S  C  R  E  T  I  O  N  E
F  U  U  X  V  R  N  C  X  B  H  W
A  U  U  O  S  P  Q  X  K  X  K  E
X  S  I  M  T  G  G  P  F  V  P  L
E  M  N  U  S  H  J  A  O  J  O  F
K  M  O  L  D  R  I  W  G  M  B  G
L  N  K  T  G  Q  K  M  Y  V  O  R
S  J  U  V  H  V  A  N  H  L  K  Y
S  E  N  I  W  S  M  I  D  G  M  Z
```

1. _____AS_____ (2)   7. _____ (1)   13. _____ (4)

2. _____ (1)   8. _____ (6)   14. _____ (5)

3. _____ (5)   9. _____ , (5)   15. _____ (5)

4. _____ (2)   10. _____ (2)   16. _____ (2)

5. _____ (4)   11. _____ (2)   17. _____ (7)

6. _____ (2)   12. _____ (1)   18. _____ (10)

– Proverbs 11:22

```
E  J  Q  W  R  Ⓐ  J  C  D  T  K  U
H  S  M  X  T  P  F  O  O  L  S  U
T  T  N  R  K  X  P  Q  U  U  F  M
E  M  S  A  S  E  B  T  M  U  G  O
R  B  B  M  R  K  J  F  H  U  F  U
A  T  N  G  L  E  O  J  I  U  F  T
K  S  K  W  M  Q  P  Y  S  B  J  H
A  J  P  M  J  L  U  O  S  H  I  X
Q  B  X  I  V  I  U  Z  M  M  S  H
D  H  I  S  L  M  O  G  U  H  G  I
N  K  T  V  J  N  H  E  L  F  G  S
A  N  O  I  T  C  U  R  T  S  E  D
```

1. _____A_____ (1)   7. _____ (3)   13. _____ (2)

2. _____' (5)   8. _____ (3)   14. _____ (3)

3. _____ (5)   9. _____ (4)   15. _____ (4)

4. _____ (2)   10. _____ (3)   – Proverbs 18:7

5. _____ (3)   11. _____ (3)

6. _____ , (11) 12. _____ (5)

```
Y  W  T  H  T  G  N  E  R  T  S  Y
X  I  X  B  I  M  K  T  U  G  V  H
R  F  K  P  V  S  S  J  J  H  L  T
M  G  T  Q  S  L  M  D  T  K  Y  Z
Q  L  H  A  K  C  A  A  Q  I  T  M
W  W  O  N  M  S  L  P  A  R  I  F
Y  V  U  P  U  U  L  A  I  B  S  H
M  F  K  Z  Q  Y  O  B  K  E  R  G
N  A  Z  K  U  U  P  Z  H  C  E  J
V  I  P  O  E  D  V  F  D  L  V  U
N  N  B  G  H  N  A  G  K  M  D  R
O  T  I  N  T  M  E  Y  O  F  A  G
```

1. _____IF_____ (2)   6. _____ (3)   11. _____ (2)

2. _____ (4)   7. _____ (2)   12. _____ (5)

3. _____ (5)   8. _____ , (9)   – Proverbs 24:10

4. _____ (2)   9. _____ (3)

5. _____ (3)   10. _____ (8)

```
A  L  Y  K  Z  O  H  F  C  V  J  Ⓐ
X  V  B  A  M  V  L  S  N  A  M  X
I  H  W  G  E  G  Q  H  E  A  R  T
J  S  P  E  T  S  J  M  B  N  G  D
D  X  P  E  J  M  S  K  N  F  M  E
W  V  U  J  Q  N  K  I  U  U  U  V
D  K  U  U  D  E  R  S  H  P  P  I
R  D  I  R  E  C  T  E  T  H  J  S
O  Z  G  C  O  H  T  X  J  Q  R  E
L  P  H  M  P  B  B  P  W  S  H  T
E  H  T  L  M  B  K  A  M  G  I  H
V  I  Z  T  U  B  Y  L  T  K  B  H
```

1. _____A_____ (1)   6. _____ : (3)   11. _____ (3)
2. _____ ' (4)   7. _____ (3)   12. _____ (5)
3. _____ (5)   8. _____ (3)
4. _____ (8)   9. _____ (4)   – Proverbs 16:9
5. _____ (3)   10. _____ (9)

```
E V E R Y W J A L F A M
Y T X O K B A X O J U A
D R O L P M Z Y P S P N
P J E H T V K R P S S I
O M W P U T U B D L R R
N N V J U U K S N E I M
D O A I S H H E C R G T
E E T B T P G Y Q G H H
R A K O R N M E W V T J
E F T L A F T Z N H Q I
T B X U E G O K W R J N
H T H E H M R P O S I H
```

1. ___EVERY___ (5)
2. _____ (3)
3. _____ (2)
4. _____ (1)
5. _____ (3)
6. _____ (2)

7. _____ (5)
8. _____ (2)
9. _____ (3)
10. _____ (3)
11. _____ : (4)
12. _____ (3)

13. _____ (3)
14. _____ (4)
15. _____ (9)
16. _____ (3)
17. _____ (6)

– Proverbs 21:2

```
L I K E C M S A K R B T
S G X M L M J W H O S O
I F T Y O T M J N M J B
H T L P U K I D W Q K O
W F M T D V N G I H P A
M I U Z S A R V N L B S
E G Y Q X J Y T D L O T
S P H T U O H T I W F E
L G U R A I N A C B M T
A V F Y X E C D N N J H
F M Z G F L E S M I H K
M A F O J M D M G T E T
```

1. _____WHOSO_____ (5) 6. _____ (5) 11. _____ (3)

2. _____ (8) 7. _____ (4) 12. _____ (4)

3. _____ (7) 8. _____ (2) 13. _____ (7)

4. _____ (2) 9. _____ (4) 14. _____ (4)

5. _____ (1) 10. _____ (6) – Proverbs 25:14

```
K C O R N E R I E H U Y
D E G G I D E D N U O W
O C N T H G U O S S J I
W A R B D T L I U B P N
T S R E H T O Y N A M E
N T H A V S I H Z N F F
A S N T H E W F S D M A
V T L H I G R R S M L T
R O N I A T R E C E L P
E N K M E Y L W N N N F
S E A S O N P O X C M J
K S K B T U O T I T E L
```

"A Vineyard"

BEAT HIM	HEDGE	SEASON
BUILT	HEIR	SERVANT
CAST STONES	HUSBANDMEN	SOUGHT
CERTAIN	LET IT OUT	TOWER
CORNER	MANY OTHERS	WINEFAT
DIGGED	REVERENCE	WOUNDED

```
P S O Z V H R N J T Z Q
R A I I H E R O D I A S
I Y L N T L E I E Z C I
S U J A X I P S D H H N
O D W D I S E S A Z A S
N E D R S A N I E R R T
E V J O H B T M H E I A
R O L J I E A E E V A O
R R S F N T N R B I S C
A P G N I H C A E R P O
B E C O N T E N T N G W
E R D O G F O B M A L T
```

John the Baptist

BARREN
BE CONTENT
BEHEADED
ELISABETH
HERODIAS
JORDAN

LAMB OF GOD
PREACHING
PRISON
REMISSION
REPENTANCE
REPROVED

RIVER
SHINING
SINS
TWO COATS
WATER
ZACHARIAS

```
T Q I M U S I C L Q Y U
S G S X O V U T O W E R
U V V W V U V B X W J I
D F S V W W S A K A E O
X B A K X O O E S U O H
E U H M R A D N E L A C
C I B E L L S N A G R O
I L S M G S I C I L Q U
V D X B A Z D W H W X N
R I O E T G S K O O B C
E N I R T C O D S Y O I
S G B R H A B I M W A L
```

Church ____

BELLS	COUNCIL	MUSIC
BOOK	DOCTRINE	ORGAN
BUILDING	HOUSE	SCHOOL
BUS	LAW	SERVICE
CALENDAR	MEMBER	TOWER
CHOIR	MOUSE	WINDOW

```
D E L I V E R E R S W Q
E Z G Y T S E R A N S H
L R S H S R T T Y H W P
D E D R I G L T I E O S
N F L O O D S E B O R N
I U B U C K L E R T R O
K G T F H D I T G E A I
J E Z J B U R E H C H L
R M R E W O T H G I H I
C Z C O A L S T C O D V
S S E R T R O F T V M A
X N H D E T N E V E R P
```

"The Lord Is My Rock"

ARROWS
BUCKLER
CHERUB
COALS
DELIVERER
FLOODS

FORTRESS
GIRDED
HIGH TOWER
KINDLED
NOSTRILS
PAVILIONS

PREVENTED
REFUGE
SHIELD
SNARES
TROOP
VOICE

```
X R O T C E R H L A H D
J W Y V R G L M L J R X
S U T D J P E D H J R N
N D A S D N E R E V E R
X P E R E H C A E R P H
C A O A N I A L P A H C
G R P H C U R A T E F L
F S A N S O V P P O P E
R O S R M I N I S T E R
B N T E C D B J I B W I
O B O A L A N I D R A C
I B R E H T A F N N B P
```

Clergy

BISHOP	ELDER	POPE
CARDINAL	FATHER	PREACHER
CHAPLAIN	MINISTER	PRIEST
CLERIC	PADRE	RECTOR
CURATE	PARSON	REVEREND
DEACON	PASTOR	VICAR

```
E G S E E H T E V I G I
E N X M H U N G E R E D
B I I G G S E B S S M E
R H O H A L M T U M F L
E T J T T E O H Z O N I
A O A X G N M R R D I V
D N I H E B V T Y G A E
A T O Q C L Y Z K N T R
L A O S E D H F X I N E
O E L C A N N I P K U D
N T D Y R E W O P Y O K
E W S W O R S H I P M E
```

"Tempted of the Devil"

BEHIND	HUNGERED	POWER
BREAD ALONE	I GIVE THEE	SATAN
DELIVERED	KINGDOMS	SEASON
EAT NOTHING	MOMENT	STONE
FORTY DAYS	MOUNTAIN	THINE
GLORY	PINNACLE	WORSHIP ME

Women Saints

ABIGAIL	HELENA
AGATHA	IRENE
ANNE	JOAN
AQUILINA	JULIA
AUGUSTA	MARIA
BERNADETTE	MARY
BRIDGET	MONICA
CAMILLA	PAULA
CATHERINE	PHOEBE
CECILIA	REGINA
CLARE	RITA
EDITH	ROSE
ELIZABETH	SOFIA
EUGENIA	TERESA
FRANCES	URSULA
GLADYS	VICTORIA

```
V N D Y C J H A M U V U E I X
U H J H R O E I A W K V Y K U
A H T A G A Q U I L I N A Q M
E I E Z S N M B G F U Q E M L
T U Q E A L U A P E F S B L R
T Y R I Z P R V C R N Q R J E
A E F L U H I I A I F I F U T
T O H H X C T N V A N A A Q L
S A M F T E C F I A W O D Y V
U V A O G E D I T H U V M S J
G W R D S N B J B N M P I U Y
U I I N M I Z A A B H M G N L
A R A A J R A R Z O P Q S N R
B B J U L E N E E I E R F O Z
I A L L P H N B T R L I S F G
G I N E T T E D A N R E B X L
A L L I M A C L C E C I L I A
I R G H G C C K N I S H T D D
L G G K S E H E L E N A P A Y
E C L Q N V R Q G E K H O Y S
```

```
S E R I H P P A S G C U
D L O G F O T S U D K O
L Z Z C N T A I I E J C
J A T C O R A L Z P H Y
X F T P B M V V P A H X
A M A S L E W E J R U Y
Y Z O N Y X A R I T T R
V V P N O R I U L N U R
C E H O L E C S Y B G Z
H J I S N D G A I D J H
Y G R M O L T E N I T B
K W H E L P S M L Z P U
```

"The Price of Wisdom"

BRASS	JEWELS	RUBIES
CORAL	MEASURE	SAPPHIRES
CRYSTAL	MOLTEN	SILVER
DEPART	ONYX	TOPAZ
DUST OF GOLD	OPHIR	VEIN
IRON	PEARLS	WHELPS

```
S  F  H  L  T  D  L  A  I  R  U  B
T  N  R  G  U  N  W  C  C  J  E  S
I  S  A  I  P  D  A  Z  P  H  B  V
R  H  A  H  E  N  E  M  E  M  T  Y
I  I  X  E  K  N  D  L  O  T  Z  R
P  J  E  S  F  Y  D  T  A  W  N  E
S  L  I  V  E  D  N  E  V  E  S  V
L  E  P  W  I  T  N  E  S  S  H  O
I  N  O  I  X  I  F  I  C  U  R  C
V  A  P  P  E  A  R  E  D  V  W  S
E  S  E  I  T  I  M  R  I  F  N  I
Y  T  P  M  E  L  P  I  C  S  I  D
```

Mary Magdalene

APPEARED

BEHELD

BURIAL

CRUCIFIXION

DISCIPLE

DISCOVERY

EMPTY

EVIL SPIRITS

FEAST

FRIEND

HEALED

INFIRMITIES

RISEN

SEVEN DEVILS

TOLD

TOMB

WITNESS

WOMAN

```
W Q E S T N I A S Z S B
W S N T O Q U X B E E C
E R C K L A W B O B P N
E I C T Y L L A N R A C
E E C O N Q U E R O R S
R H L G D P C E Y R A S
F T F E T W A L E H T E
B N X T R R E F S H E N
I I O H N K F L G B O E
O O U E H U Z U L A V K
V J S R S R O T B E D I
N T S D P O S I N F U L
```

"After the Spirit"

ABBA
CARNALLY
CONQUERORS
DEBTORS
DWELL
EARNEST

FREE
JOINT-HEIRS
LIKENESS
OUGHT
RECKON
SAINTS

SEPARATE
SINFUL
SUFFER
THE LAW
TOGETHER
WALK

```
J H J E S F V R X D Y E
L X W O Y L I O H J D U
L A M B R A N C H H S F L
F I S H Q M E K U V L P
B R O N Z E S N A K E K
D E A N C H O R B L U Y
G D V R A R A T S V R A
J V F O L C O L N E D E
A D H C D S I W O O E V
B G C I R A C L N Y L V
Y O L N K B E L E E Y C
G F O U N T A I N P S I
```

Symbols

ANCHOR	FLAME	PELICAN
BRANCH	FLEUR-DE-LYS	ROCK
BRONZE SNAKE	FOUNTAIN	STAR
CROWN	HALO	SUN
DOVE	LAMB	UNICORN
FISH	LION	VINE

```
E G A M O H Y A P P Y A
H L S T J T W C J P Q D
X O K U N A C J H R O O
V R N D P H D E C A G R
N I A O K P T E P Y N E
J F H I R N L X V S N T
N Y T E U A E I R O E A
T G E N U F L E C T T R
S M V D K V V T L A X E
P V I J M E K C Q U T N
V Z G Z R Z P R A I S E
A N B E S E E C H I Y V
```

Worship

ADORE	GIVE THANKS	PRAISE
BESEECH	GLORIFY	PRAY
CHANT	HONOR	RESPECT
DEVOTE	KNEEL	REVERE
EXALT	LAUD	SUPPLICATE
GENUFLECT	PAY HOMAGE	VENERATE

```
S S E N R E T T I B N C
E M T S N I A G A Z O J
N D E H S I R E P M I K
O S A W H I G T P K T D
B O Q E E C H A I N C Z
R Y A V H A S L L O I D
A V E E R S L O A L L E
Y R E S I M H S F O F K
X K B O R N E E E X F O
G Y N C C S W D N M A O
B S G U T R A V A I L R
H B W O R M W O O D A C
```

"The Lord's Mercies"

AFFLICTION
AGAINST ME
BITTERNESS
BONES
BORNE
CHAIN

CHEEK
COMPASSIONS
CROOKED
DESOLATE
GALL
GRIEVE

HEAVY
MADE OLD
MISERY
PERISHED
TRAVAIL
WORMWOOD

One-Word Search

All you have to do is find one word. Easy, right? Try it and see.

195   Find: **BIBLE**

```
I  I  I  B  B  I  B
B  I  L  E  I  B  B
B  L  L  B  L  E  E
B  E  E  B  I  L  L
E  L  B  E  I  B  I
L  I  I  L  E  I  E
E  E  B  E  B  B  E
```

196   Find: **VERSE**

```
V  R  E  V  R  R  E
R  E  E  S  S  V  E
R  V  S  E  V  V  E
V  E  S  R  E  V  S
S  R  V  R  S  S  V
S  E  V  V  S  V  R
V  E  R  E  V  S  E
```

197   Find: **PAGE**

```
P  A  E  A  P  G  E
A  G  P  G  A  E  P
G  A  E  P  E  G  A
G  G  P  P  G  P  P
A  E  G  E  A  G  P
G  G  P  A  P  E  P
E  P  E  P  G  E  A
```

198   Find: **BOOK**

```
B  B  O  K  O  B  K
B  O  K  O  K  K  B
O  B  B  K  B  K  K
O  O  K  B  O  O  O
K  O  B  B  K  O  K
B  O  O  O  K  O  K
K  B  O  K  B  O  B
```

199   Find: **CHRIST**

```
C S T S R C H
C T S S H I S
R C I H C S H
T H R C R H C
C C H I R C I
I H C S C R R
C S S C I H C
```

200   Find: **SAINT**

```
T S A T T S A
N N S N A N T
I I T A N S S
A S A I T A I
S S I I S S A
N I S A T A T
T S I I N S S
```

201   Find: **HOLY**

```
Y L O L H H O
H O H L Y H L
L O L Y L O O
H O Y Y L Y H
O L Y L L O H
H O H Y O Y L
Y H Y O O H H
```

202   Find: **KING**

```
N N G K I G I
G K I G N N K
K N N N N I K
I I G I K I G
I K N I I I K
I G G K I N N
K N I K G N G
```

```
Y R E C I P S S D V F J
S E V A E H S D A E K R
O U D Y T P M E N S M K
M B R N G I E R E O I H
E E E V M J M I R L H B
H N A I J U O P H D D G
C L M J S L U S T E E J
E M E J U A R N E P T E
H D R T Y P N O R P A F
S W A O B C I C B I H C
B O W D O W N T E D Z Z
V X S P H T G H R F R R
```

"Coat of Many Colours"

BOW DOWN	HATED HIM	REUBEN
BRETHREN	JOSEPH	SHEAVES
CONSPIRED	MOURNING	SHECHEM
DIPPED	OBEISANCE	SOLD
DREAMER	PIT	SPICERY
EMPTY	REIGN	VALE

```
S Y C P M Q F H Q Y S G
K R Z F R I A R Y H R E
L A C L O I S T E R E N
W U J I L L O S Q B L A
C T A U B L Y R I Y C B
O C N U N N E R Y O A B
N N C X Q I S H R I N E
V A H M O N A S T E R Y
E S U O H G N I T E E M
N B R A C I L I S A B H
T X C L A R D E H T A C
R C H A P E L P M E T O
```

House of Worship

ABBEY
BASILICA
BETHEL
CATHEDRAL
CHAPEL
CHURCH

CLOISTER
CONVENT
FRIARY
MEETINGHOUSE
MISSION
MONASTERY

NUNNERY
PRIORY
SANCTUARY
SHRINE
TABERNACLE
TEMPLE

```
W I T H S T O O D D U S
I T G R E D N A X E L A
N C S F P W I D M E A R
T H C A E R P E V Q P E
E I B B H T V A G U P C
R N K L E R N O H I E N
P G E E E G R A H C A E
H E R S E K D O T K R G
D A E L R S N U C S I I
W R I Z D U E F J W N L
P S F O R S O O K L G I
T R L I V E H C U M F D
```

"The Coppersmith"

ALEXANDER
APPEARING
CHARGE
COURSE
DILIGENCE
EVANGELIST

FABLES
FORSOOK
INSTANT
ITCHING EARS
JUDGE
MUCH EVIL

PREACH
PRESERVE ME
QUICK
WARE
WINTER
WITHSTOOD

```
U D L K X L E S X L H T
A Y T I C N R A E F N L
P R A N H U E C I O V I
L O J G U M A T S O Q O
Y M F D R O W E H T U Z
A R N O C Z Y Q E P S O
M A B M H O E C A R G A
H S E R N E R D L I H C
S Q S M R A E H T N I Q
V T U P E Y N U J T M E
D K O T N A V R E S Q H
W V H B M A L L K Y Y T
```

___ of God

ACT	FOOTPRINTS	LAMB
ARMOR	GRACE	MAN
CHILDREN	HAND	SERVANT
CHURCH	HOUSE	SON
CITY	IN THE ARMS	THE WORD
FEAR	KINGDOM	VOICE

```
A S C E N D S X P C H O
U B D U C J A W F C R T
J E E I G N L X R R H V
N T S H P O J A C O B N
G H C E S U I A U S E M
O E E M P R W S Z V F G
B L N L T W E M A E R D
S M D A P O L E Z G E N
M S P U F L H A B N P A
J A N G E L S R O T M L
P L O R D I B T F I G D
N D C R F P S H A R A N
```

"Behold a Ladder"

ANGELS

ASCEND

BEER-SHEBA

BETHEL

DESCEND

DREAM

EARTH

GIFT

HARAN

HEAVEN

HOUSE OF GOD

JACOB

LAND

LORD

PATRIARCH

PILLOW

SLEEP

STONE

```
Y H T L A E W T K Q C I
B A J N I D C E V H S G
A M N R E O L K Q E B E
T A B L E L Q Y S L R E
H A D A D H P R R N E U
S N W I S D O M H A V T
H E N O R H T B E H O E
E K V E D Z W P O T R M
B E I I Q Q A G S A P U
A G V N W W U K N N M V
N A D E G D E L W O N K
D D Q K G S S U P A S H
```

Solomon

BATHSHEBA
DAVID
HADAD
HORSES
KING
KNOWLEDGE

NAAMAH
NATHAN
PROVERBS
REHOBOAM
REIGN
SONG

TABLE
TEMPLE
THRONE
WEALTH
WISDOM
WIVES

Resurrection

Matthew 28

ALL HAIL
ANOINTED
APPEARED
ASSEMBLED
COUNTENANCE
DAWN
EARTHQUAKE
ELDERS
ELEVEN
FEAR NOT YE
FORETOLD
GALILEE
GREAT JOY
HEAVEN
KEEPERS
LIFE

LIGHTNING
MAGDALENE
MARY
REDEMPTION
ROLLED BACK
ROSE AGAIN
SABBATH
SALVATION
SCRIPTURES
SEPULCHRE
SHROUD
STONE
THIRD DAY
TOMB
WHITE AS SNOW
WOMEN

```
O D E L B M E S S A A R N W A
N S Z R M H E A V E N B M N Q
S S H R O U D B S H O P W N M
A E T B T S M L T M I B O Y S
L Z R V L J E A O A N I M X E
V E K U Z K B A G T T X E C P
A F N C T B G E G P E P N U U
T I N E A P W D M A D R B W L
I L E S L B I E F L I Z O P C
O U V C S A D R I N Q N A F H
N T E I N E D E C Z S X W G R
V H L Y R A M G L S R E D L E
D I E R I J N G A L I L E E Y
E R S R E P E E K M O B M N O
R D U H E M T M T Z B R K O J
A D S E L I G H T N I N G T T
E A R T H Q U A K E U E U S A
P Y N W A D F E A R N O T Y E
P T P M K N T I Z Y M A C T R
A L L H A I L H E P J V C Z G
```

```
S Y H W N N S M U C D A
O M A K I R Z A V M Z K
L S L A Z F R H P A F Q
C J O L R D U A A R M R
M A H L O I L R X A H E
F A A N Z R H B D A N D
H G M A J I B A S A A N
P A I N U S R R R U S A
X B B L O M C I Z I H X
X U O U O N I O R R E E
T S H N Z O G C W D R L
W D I C V A W H L E Z A
```

A People

ABIJAM   ALEXANDER   ARMONI
ABRAHAM   AMNON   ASA
ADAM   ARAM   ASHER
AGABUS   ARDON   AZEL
AHIRA   ARIEL   AZRIKAM
AHOLAH   ARIOCH   AZUBAH

```
F  W  I  T  H  E  R  E  D  R  T  S
T  S  E  R  U  S  A  E  L  P  E  M
W  P  R  O  N  R  E  T  A  A  U  E
F  R  U  D  D  S  L  O  Y  T  D  T
F  U  T  D  R  P  B  C  D  I  N  H
W  N  S  E  E  G  A  E  S  E  O  O
R  G  I  N  D  L  R  Y  X  N  T  R
I  U  O  T  F  U  A  O  E  C  S  N
C  P  M  O  O  W  P  S  U  E  E  S
H  F  W  V  L  G  T  W  H  N  E  M
E  L  E  Y  D  C  H  O  K  E  D  S
S  D  O  G  F  O  D  R  O  W  L  B
```

"To Sow His Seed"

CHOKED	MOISTURE	SPRUNG UP
DEVOURED	NOT SEE	THORNS
FOWLS	PARABLE	TRODDEN
GROUND	PATIENCE	WAY SIDE
HONEST	PLEASURES	WITHERED
HUNDREDFOLD	RICHES	WORD OF GOD

```
C M O L T E N G O D S I
J Q D U A R F E D X R R
U P V O S V K L F G E Y
D T E J P R E F U R N W
G T G S E A T N A H R G
E C H E A E I E G M O A
N E E T K F B L D E C R
A P N U O E E W A Q E I
F S B T L A E T S F S D
O E M A N Y M X F B T V
R R T T H E P O O R G K
P B E S A B B A T H S C
```

"Ye Shall Be Holy"

AVENGE	MOLTEN GODS	SABBATHS
CORNERS	MY NAME	SPEAK
DEFRAUD	OFFER	STATUTES
FEAR	PROFANE	STEAL
GLEAN	REBUKE	TALEBEARER
JUDGE	RESPECT	THE POOR

```
J Z B S E R P E N T B V
W E F C H A M E L E O N
K Z C E N A U K E R Z U
N Q Q O G C S N S R S X
H P E A C O C K A E M L
C C U R S K X Q E F I W
A G I N E L A H W Z X G
T Z A R U D Z T A S Z B
T I X R T E I R R W P G
L W I F L S D P A I V C
E S I O T R O T S N C E
D B M N O E G I P E J E
```

Bible Creatures II

ASP	LIZARD	SNAIL
CATTLE	MOLE	SPIDER
CHAMELEON	OSTRICH	SWINE
COCKATRICE	PEACOCK	TORTOISE
DOG	PIGEON	WEASEL
FERRET	SERPENT	WHALE

```
G Y X P H G F R W G Z R
F N Z C R O T E U B H I
D B F N U G E B A D D D
N N U N W W C R E R E N
A I D P R E C I O U S U
S P D E E N S G D A I O
U F T X L D W H W G M S
O C X Z I U E T C R O E
H P P F E R E D O W R R
T I F M V E T M B I P A
D A R E E S I W O N L N
T S A X D N I L B H O S
```

Amazing Grace

BEGUN	HOME	SOUND
BLIND	NOW I SEE	SWEET
BRIGHT	PRECIOUS	THOUSAND
ENDURES	PROMISED	TOILS
FEARS	RELIEVED	'TWAS
FOUND	SNARES	WRETCH

These are words from the hymn *Amazing Grace*.

```
D Q E R R F T F D E X U
L L A U O Y H T L I F D
A Z Y N G Q G S E Y O U
H L E J N O J I F N R Z
P L C U I F L R I P E X
L W A S R O A H L Q H A
A S R T P U T C F H E T
G G G H S R S S O T A H
A M E N F L Y U E I D I
T C H M F O R S E W S R
E Z T S O R C E R E R S
S G O D M D D J T B A T
```

"Surely I Come Quickly"

ALPHA	FILTHY	OMEGA
AMEN	FOREHEADS	SORCERERS
ATHIRST	GATES	THE GRACE
BE WITH	JESUS CHRIST	TREE OF LIFE
CRYSTAL	OF OUR LORD	UNJUST
DOGS	OFFSPRING	YOU ALL

The

Answers

```
R Z R M G O D G A L N
B O F A N G E L R F U
T O Q H F A I T H R Q
H E A V E N O R P T P
O T Z J E S U S K A E
T R O K C W O R D V J
S F A T H E R A F P N
Z A B L O R D H G W V
E B K A X S A V I O R
V T A E A R T H S O L
C V B E L I E V E M T
```

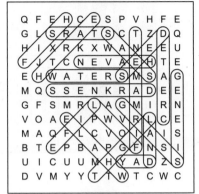

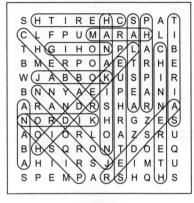

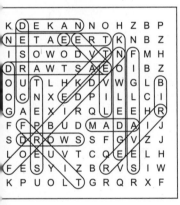

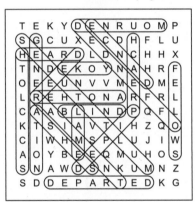

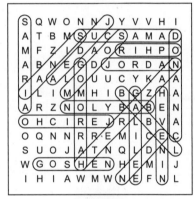

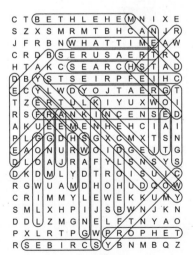

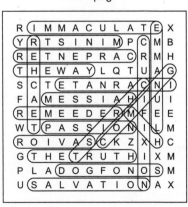

9

"Charity Never Faileth" • page 15

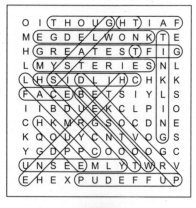

```
O I T H O U G H T I A F
M E G D E L W O N K T E
H G R E A T E S T F I G
L M Y S T E R I E S N L
L H S I D L I H C H K K
F A C E B E T S I Y L S
I B D U E K C L P I O
C H K M R G S O C D N E
K Q O U Y C N T V O G S
Y G D P C O O O O G C
U N S E E M L Y T W R V
E H E X P U D E F F U P
```

10

"My Commandments" • page 16

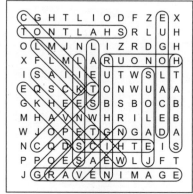

```
C G H T L I O D F Z E X
T O N T L A H S R L U H
O L M J N L I Z R D G H
X F L M L A R U O N O H
I S A I E U T W S L T
E Q S C K T O N W U A A
G K H E E S B S B O C H
M H A V N W H R I L E M
W J O P E T G N G A D A
N C Q D S C X H T E I S
P P O E S A E W L J F T
J G R A V E N I M A G E
```

11

M Men • page 17

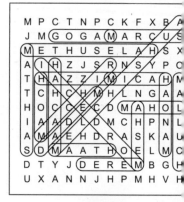

```
M P C T N P C K F X B A
J M G O G A M A R C U S
M E T H U S E L A H S
A I H Z J S R N S Y P C
T H A Z Z I M I C A H M
T C H C H M H L N G A A
C C E C D M A H O L
A A D L C H P N L
A M A E H D R A S K
S D M A A T H O E L M C
D T Y J D E R E M
U X A N N J H P M H V H
```

12

"With Wings as Eagles" • page 18

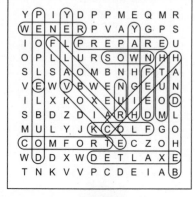

```
Y P I Y D P P M E Q M R
W E N E R P V A Y G P S
I O F L P R E P A R E U
O P L L U R S O W N H H
S L S A O M B N H F T A
V E W V B W E N G E U N
I L X K O X E U I E O D
S B D Z D I A R H D M L
M U L Y J K C O L F G O
C O M F O R T E C Z O H
W D D X W D E T L A X E
T N K V V P C D E I A B
```

13

Holy ___ • page 19

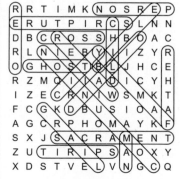

```
R R T I M K N O S R E P
E R U T P I R C S L N N
D B C R O S S H B O A C
R L N I E B Y I Z Y R
O G H O S T B L J H C E
R Z M O I A D I C Y H
I Z E C R N W S M K T
F C G K D B U S I O A A
A G C R P H O M A Y K F
S X J S A C R A M E N T
Z U T I R I P S A O X Y
X D S T V E L V N G C Q
```

14-21

ONE-WORD SEARCH
pages 20-21

```
E U E E U J U        R A R R A R
J E J E U E U        M M R A A M
U S S J S J U        A A A Y R R
J S U S E E E        M R A Y R A
E J U S J J U        M M A A R Y
S J U J J E U        R A A Y A A
E S S U E U U        R Y Y M Y Y

L D O R R L R        O D D R R D
D L R L R R L        O G G D O D
D L D L D R D        G D D O O D
O L O R O D D        D O G O O D
D R L O L O D        O O G D D G
D O O L D O L        O G D D G G
L R D R D R D        D D G O O O

F R U U U F F        D M A A D A
R R I U T T F        D D A D A D
I R R I I F R        D D A A D M
U I I U F T U        A M D M A D
U T F U T I I        M D A M D A
U R I F I F T        A M A D D M
F T T R R I I        A M D D M D

D E N D E N D        T E T T R E
N N E D N N E        T R T T E T
D D N D D E D        R E E E R E
D E D N E N N        R E E E T T
E E D N E D D        E T R T R E
D N E D E N D        T R E R T R
E E E E N D N        E T R E T E
```

22

"A Flood of Waters" • page 22

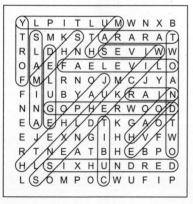

```
Y L P I T L U M W N X B
T S M K S T A R A R A T
R L D H N H S E V I W W
O A E F A E L E V I L O
F M L R N O J M C J Y A
F I U B Y A U K R A I N
N N G O P H E R W O O D
E A E H L D T K G A O T
E J E X N G I H H V F W
R T N E A T B H E B P O
H S I X H U N D R E D
L S O M P O C W U F I P
```

23

Biblical Words • page 23

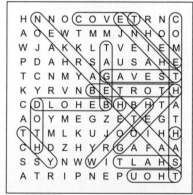

```
H N N O C O V E T R N C
A O E W T M M J N H O O
W J A K K L T V E I E M
P D A H R S A U S A H E
T C N M Y A G A V E S T
K Y R V N B E T R O T H
C D L O H E B H B H T A
A O Y M E G Z E T E G T
T T M L K U J O O I H H
C H D Z H Y R G A F A A
S S Y N W W I T L A H S
A T R I P N E P U O H T
```

24

Heaven • page 24

25

"By Faith" • page 25

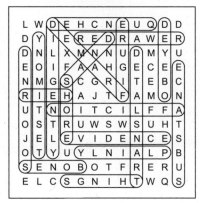

26

"I Can Do All Things" • page 26

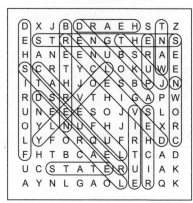

27

Mount ___ • page 27

28

JUMBO SEARCH
Moses
pages 28-29

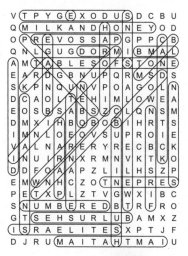

29

Rock of Ages • page 30

30

"Everlasting Life" • page 31

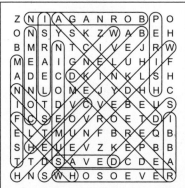

31

"He Will Not Fail Thee" • page 32

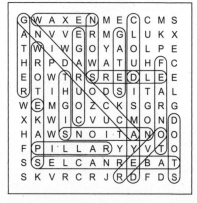

32
Parts of a Church • page 33

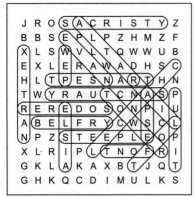

33
"Call unto Me" • page 34

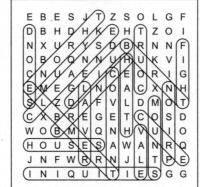

34
Foods of the Bible • page 35

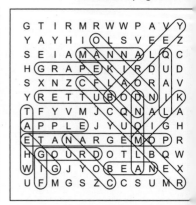

Clue Search

35
Who Is It?
pages 38-39

1. ABEL
2. ABRAHAM
3. CAIN
4. ESAU
5. GIDEON
6. JESUS
7. JONAH
8. JUDAS ISCARIOT
9. METHUSELAH
10. MOSES
11. THOMAS
12. WIFE

36
Finish the Phrase
pages 40-41

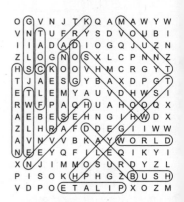

1. ARK
2. BREAD
3. BUSH
4. CALF
5. COAT
6. GOOD
7. HEAVEN
8. HOLY GHOST
9. KEEPER
10. MOUNT
11. NAZARETH
12. PILATE
13. SAMSON
14. SHADOW
15. SLING
16. TWELVE
17. WORLD

37

On the Map
pages 42-43

1. ARARAT
2. BABYLON
3. BETHEL
4. DAMASCUS
5. EDEN
6. GOSHEN
7. HEBRON
8. JUDEA
9. LEBANON
10. NAZARETH
11. NINEVEH
12. NOD
13. RED SEA
14. ROME
15. SAMARIA
16. SINAI
17. SODOM

38

Scrambled Books
pages 44-45

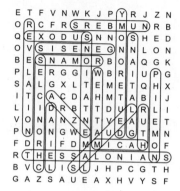

1. CHRONICLES
2. DANIEL
3. DEUTERONOMY
4. EXODUS
5. EZRA
6. GALATIANS
7. GENESIS
8. LAMENTATIONS
9. MATTHEW
10. MICAH
11. NUMBERS
12. PHILEMON
13. REVELATION
14. ROMANS
15. RUTH
16. SAMUEL
17. THESSALONIANS

39

Ye
pages 46-47

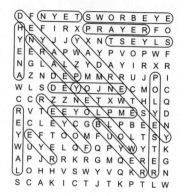

1. BUYER
2. EMPLOYEE
3. ENJOYED
4. EYEBROWS
5. FOYER
6. HYENA
7. LAWYER
8. NYET
9. PLAYED
10. POLYESTER
11. PRAYER
12. RYE
13. SLYEST
14. YEARN
15. YELLOW
16. YESTERDAY

40

"he Waters Were Divided" • page 48

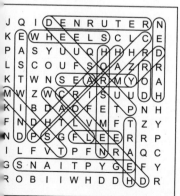

41

Angels • page 49

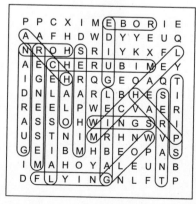

42

The Church Year • page 50

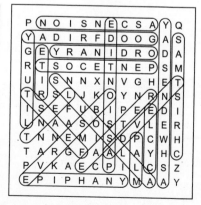

219

43
"It Is More Blessed" • page 51

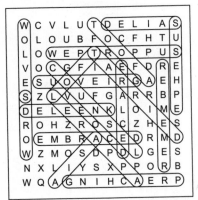

44
"Our Father" • page 52

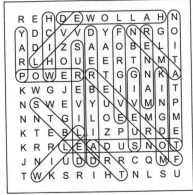

45
Bible Creatures • page 53

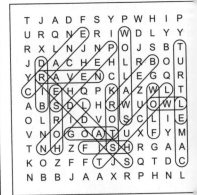

47
The Last Supper • page 56

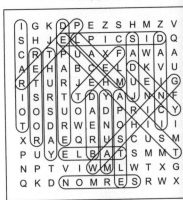

46
JUMBO SEARCH
Just Once
pages 54-55

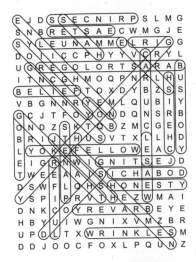

48
"The Earth Abideth" • page 57

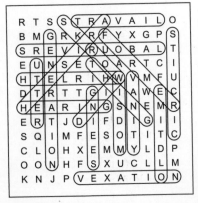

49
"The Whole Armour of God" • page 58

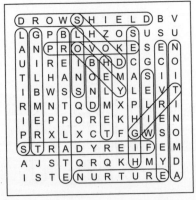

50
Miracles • page 59

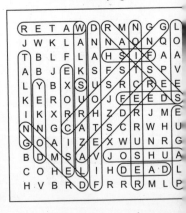

51
Sunday School • page 60

52
"Green Before the Sun" • page 61

53-60
ONE-WORD SEARCH
pages 62-63

```
A I I A A I A      L B L E A A L
I N C C I C C      A A A E B A B
I A N C I A I      E B B A A B E
A I N I A N C      L A L E A B L
A C I N C N C      L E L E L L A
N N A I A C I      A B B L B A A
A I C C N C I      B A L E A E L


T H S S E T T      E E O S S S S
H S E S E T S      N E N E N S N
H T T S H S H      S E O N N O E
S T E T H E E      N O E O O E N
E S H S E T T      N E O O S S O
E E T E T S E      N O E E E O S
S E T S E S T      N E N S S S N


N I N A I N N      S A S R S S R
A O O N I I A      S S R A S R A
N N N A N I O      H A A S S A S
N M O A M M M      R R R A S A H
M A N N N A I      S R H A R H H
M I N M A M N      S A R R H R A
I O M A M O N      S A R H S S R


U H T H U R U      E L A H E H L
U R R U U T H      A H L L H L A
R H T R T H U      A E L A H A E
U U U U H H R      L E A L E L L
T R T T R T U      A E L H A E A
T R U U U H T      L A H H A L A
R R T H R H R      E H E H H A A
```

61
Easter • page 64

62
"Be Not Afraid" • page 65

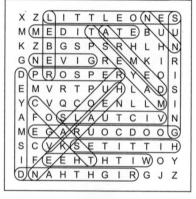

63
"Sanctify the Lord" • page 66

64
Parables • page 67

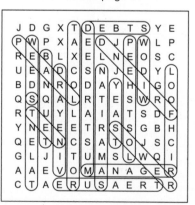

65
Actors Who Played Jesus • page 68

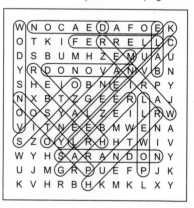

66
"Wild Grapes" • page 69

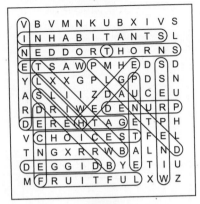

67
JUMBO SEARCH
The Good Christian
pages 70-71

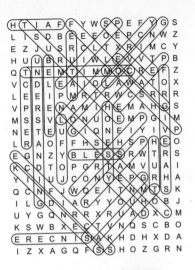

68
Christmas • page 72

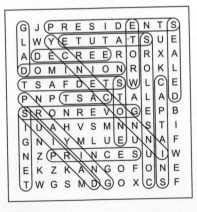

69
"Perilous Times" • page 73

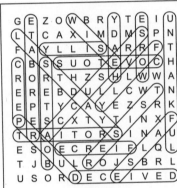

70
In Hymns • page 74

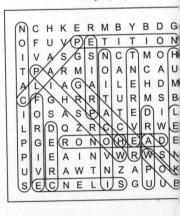

71
"The Den of Lions" • page 75

72
"Earnestly Contend" • page 76

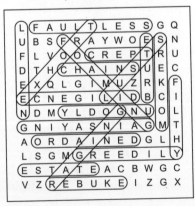

73
Let Us Pray • page 77

Psalms Search

74 pg. 80 — Thy word is a lamp unto my feet, and a light unto my path.

```
A S R L W O R D I V B Q
O T H Y J P K X S W G H
F O M R Q E P A J O P T
S M O P M A L O M P L A
E N U V R M K V H U G P
R J N K I J S N E H Y G
A S T Z X A C T I U M K
L W O Q T M K I H U U O
B M R P U U L G J X N T
Y M M V D K D N O V P N
F E E T J N P A Z M L U
O U I V A L M L I G H T
```

75 pg. 81 — Weeping may endure for a night, but joy cometh in the morning.

```
W H P J H T E M O C V W
E M S I P T D F H T Y G
E M N Q M R S E U P O U
P V T R I O V K M U J U
I T H W N Q E S O R M T
N Z E M O R N I N G K U
G X Y B C N I L M V R B
Q M R R O M J K Y G T J
T A U C V Q J S O H H L
K Y P T W P G H R Q G M
E N D U R E M O V A I E
B O F M X M F R L J N P
```

76 pg. 82 — Delight thyself also in the Lord; and he shall give thee the desires of thine heart.

```
R D R O L E R K N I O L
A B F L W E H T M Z S V
O N G M V X M G D R L E
O U D M Q C G H I P A K
E H K X T R A E H S K F
S P P F T H I N E F J L
H Q O B S N R B G A K E
A U S E R I S E D E O S
L W X I U O V M L H C Y
L G I V E T H E E T B H
V D H M A M T S R L M T
C B I J D E L I G H T Y
```

77 pg. 83 — He will not always chide: neither will he keep his anger for ever.

```
J R P P L H E K E E P H
A N T L X K Z B E M M I
M J I R O U U K R B R S
A W F R O F R E G N A Z
R B K E I O V M W Q D C
E U U V T H E W I L L B
H U D E H I P X R P X N
T O G R M K D Z O K U O
I C B C L X E D A E U T
E V I I W X S Y A W L A
N E D I H C R P R E O S
R N M U D Q K M O F T Y
```

78 pg. 84 — So teach us to number our days, that we may apply our hearts unto wisdom.

```
A N O K B U K S H B L S
U U N T S V H C A E T O
I M R M V M Z R T F M B
S B Z Q L W O T N U S R
J E N M O I G A D B T V
O R V A B S M S X M R C
U Z L T P D E F T J A B
R Q L C X O E A X I E R
D R D R T M K S A U H U
A Q L A W B K G H W M O
Y B H R E C Z A P P L Y
S T C E M A Y M N T O R
```

79 pg. 85 — He shall come down like rain upon the mown grass: as showers that water the earth.

```
H E B T L N C I R P A S
J S S R E W O H S S S X S
J H B T H T R A E N P A
M A V H D A E E M J R R
R L W A P S E H Q A G G
L K T L L N T M O W N
E O X W A T E R E O R T
A W M L L T Y G M H O Y
M S D E M G R K C B T N
F O K Q Y Q X I N B O
S Y W P R P Q R A I N P
K L N L I K E T U Z Y U
```

80 pg. 86 — The words of his mouth were smoother than butter, but war was in his heart.

```
T R V O H T G E R E W H
R E H T O O M S J P T T
T B L N F A E K Q Q V U
H M S H E A R T Q Y K O
A Q R I G H C D V L S M
N R V M H W L S R I T P
B P H I J N T V H F O S
U A N O Q X I T M Z K D
T S A J O B B S V K E R
T J S T W B M A L L M O
E T U M E A C W J T B W
R B K O O U R X K T H E
```

81 pg. 87 — Keep me as the apple of the eye, hide me under the shadow of thy wings.

```
O K T T S M A N J E H T
R E A O G X L Q S B T R
M E P N N T V E H K C E
C P X Y I P M S A I E D
M B B R W S I K D S H N
E A S M V Y U M O J R U
J X T Q S H U M W Z E T
O H B G T T U O P N G M
E T C B R B F L Q J E K
A P P L E B X U U I D F
C R N M O K L E Y E I M
D E J F T H E L U U H G
```

82 For with thee is the fountain of life: in thy light shall we see light.

pg. 88

```
J  F  E  H  T  P  B  E  E  H  T  H
S  O  T  M  K  S  I  K  L  V  T  M
R  U  V  O  J  V  R  T  M  I  G  W
S  N  T  Y  T  F  O  R  W  N  M  H
E  T  D  H  A  N  Z  Q  B  M  E  W
L  A  C  X  G  H  E  J  Z  S  B  L
B  I  P  Q  K  I  G  F  E  T  K  L
B  N  J  R  N  M  L  E  U  U  U  A
O  P  G  K  N  R  P  Z  K  O  P  H
F  P  E  M  J  Q  M  Y  P  A  R  S
L  I  F  E  I  V  H  L  I  G  H  T
T  B  A  P  N  T  G  H  S  T  Q  R
```

83 Keep thy tongue from evil, and thy lips from speaking guile.

pg. 89

```
S  P  I  L  A  Y  U  D  N  A  L  F
F  W  V  K  Y  H  T  Q  P  P  I  G
R  T  E  T  I  E  M  R  S  T  V  M
O  A  K  R  A  E  N  E  Y  V  E  O
M  N  B  S  Z  N  X  T  O  L  K  R
N  S  P  E  A  K  I  N  G  G  D  F
H  V  R  E  L  I  U  G  B  H  C  E
E  C  S  V  R  D  N  M  K  B  U  M
W  I  A  Q  M  J  H  R  Q  G  U  M
K  E  E  P  B  L  V  P  N  U  I  E
T  J  K  T  H  Y  G  O  M  N  O  S
O  M  L  W  M  O  T  R  V  R  P  Q
```

84 Blessed is he that considereth the poor: the Lord will deliver him in time of trouble.

pg. 90

```
B  L  E  S  S  E  D  V  T  H  A  T
U  S  N  T  Y  W  I  K  E  B  H  C
A  V  E  M  S  Z  S  H  M  G  M  O
X  R  J  M  I  K  D  C  B  O  X  N
L  D  E  L  I  V  E  R  H  C  N  S
Q  E  M  I  T  N  U  I  L  I  J  O
I  J  O  H  K  O  U  I  M  V  A  D
W  G  F  B  E  O  U  U  U  Z  I  E
D  W  T  R  O  U  B  L  E  P  J  R
R  L  F  Y  D  J  Z  H  Q  C  T  E
O  R  Z  P  R  O  O  P  L  M  P  T
L  E  H  T  K  Q  R  X  E  H  T  H
```

85 Be of good courage, and he shall strengthen your heart.

pg. 91

```
A  I  C  E  R  J  D  Q  H  E  H  D
S  B  U  S  L  L  A  H  S  L  N  S
F  E  G  T  A  R  T  M  R  A  E  G
N  K  O  R  H  S  G  F  E  B  G  S
R  W  W  E  T  N  A  E  L  T  A  P
X  Y  K  N  V  B  N  L  A  B  R  O
T  J  E  G  T  E  M  V  M  D  U  O
R  N  I  T  M  B  O  G  U  K  O  A
A  A  C  H  Z  H  X  F  X  U  C  I
E  T  B  E  Y  U  L  J  G  O  O  D
H  T  K  N  Z  I  M  L  M  Y  M  N
R  U  O  Y  B  M  A  G  V  K  M  T
```

86 The Lord is my rock, and my fortress, and my deliverer.

pg. 92

```
V  S  N  O  R  E  I  A  T  Y  I  O
A  S  S  E  R  T  R  O  F  B  M  O
N  R  T  S  D  N  Y  O  M  K  U  D
D  C  Z  A  R  C  N  Z  A  H  U  N
Q  M  M  M  B  E  F  P  M  G  T  A
Y  U  U  S  T  M  S  T  O  Q  K  B
D  E  L  I  V  E  R  E  R  J  C  M
A  E  H  G  M  G  T  K  R  L  O  Q
W  O  X  L  V  C  J  O  W  V  R  B
X  T  H  E  B  D  U  V  K  Q  V  Y
L  E  H  M  L  O  R  D  T  J  M  L
N  I  O  R  Q  V  S  B  I  S  B  M
```

87 Blessed is the man that walketh not in the counsel of the ungodly.

pg. 93

```
K  E  C  O  U  N  S  E  L  O  B  I
D  H  P  E  T  A  M  M  F  Z  L  B
H  T  M  L  L  G  U  E  H  T  A  L
N  J  Z  U  M  Y  N  C  I  J  B  E
I  Z  O  J  U  N  G  X  H  I  J  S
T  O  N  H  U  O  O  D  R  W  S  S
A  K  B  T  I  D  D  Y  N  U  V  E
L  U  D  E  L  I  L  T  U  G  F  D
F  E  O  K  O  P  Y  Y  X  E  K  I
R  H  B  L  V  E  F  Y  M  J  H  S
C  S  Q  A  K  T  G  U  A  Q  R  T
A  R  E  W  T  A  H  T  N  H  B  M
```

224

88
"Water That Was Made Wine" • page 94

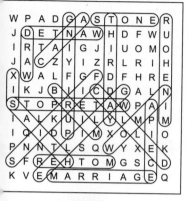

89
Church Service • page 95

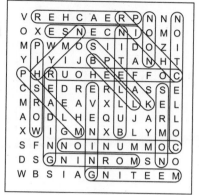

90
Helping Others • page 96

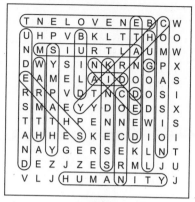

91
"Walk in His Ways" • page 97

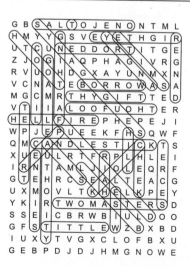

92
"The Virgin's Name Was Mary" • page 98

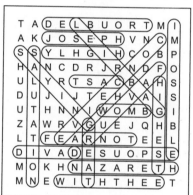

93
Mary • page 99

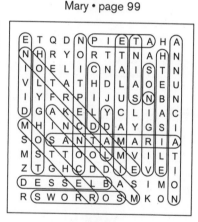

94
JUMBO SEARCH
The Sermon
on the Mount
pages 100-101

95
Biblical Romans • page 102

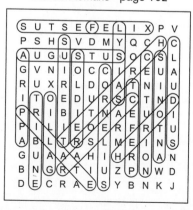

96
"Perfect Peace" • page 103

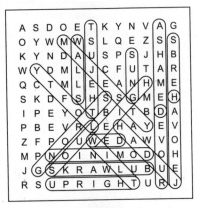

97
Versions of the Bible • page 104

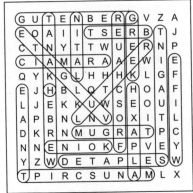

98
"We Should Not Serve Sin" • page 105

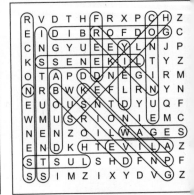

99
"Sweet Is Thy Voice" • page 106

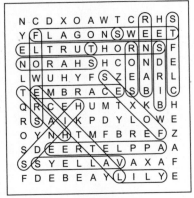

100
Double LeTTers • page 107

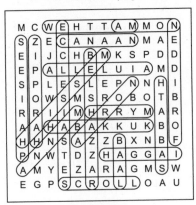

101-108
ONE-WORD SEARCH
pages 108-109

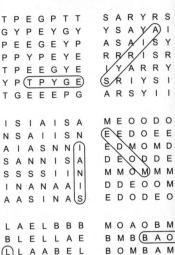

109
"The Door of the Sheep" • page 110

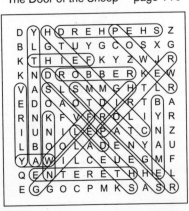

110
Religion • page 111

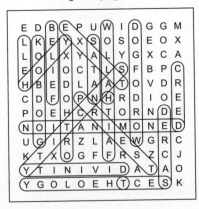

111

"Delilah Said unto Samson" • page 112

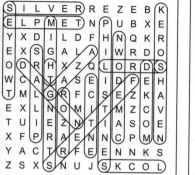

112

1,000 Times • page 113

113

"His Great Love" • page 114

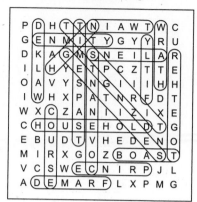

114

Prophecies • page 115

115

JUMBO SEARCH
Men Saints
pages 116-117

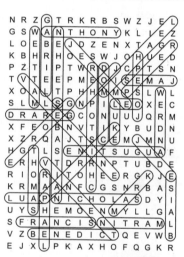

116

"What Is a Man Profited" • page 118

117

The Holy Bible • page 119

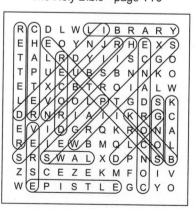

118

"Sacrifice and Offering" • page 120

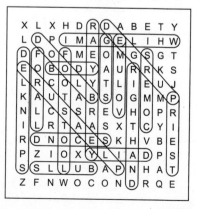

119
The Lord's Life • page 121

```
H C A E T H G I L F T E
Y R T S I N I M L C T I
C N B X I I X D E A T H
O N O M R E S R T U E T
M W A G V A R X E I M R
I N U W A U W E R P P I
N O I S S E F N O C T B
G H H E I W Z V E A D
K C R U C I F Y M E T K
P N J M S I T P A B I O
H E S N A E L C V I O A
J O U R N E Y S K V N Z
```

120
Ben-Hur: A Tale of the Christ • page 122

```
Y P G T E M P O P X R X
S U I R R A D P G E E A
O H N O T S E H L C H L
R A G A L L E Y A A T A
P Z F P M L L M R S S
E R V H G O L I O T E S
L I I C H A R L T O N E
R T M N W A M I R I A M
M Z K W C I P E Y R H P
V F E L X E J U D A H C
E L E V O N K I E H S K
H B Q A I C V K E C H Z
```

121
"Manifest in Our Body" • page 12

```
S A K E S N T C R W J D
Y D E X E L P R E P T N
K G N I L D N A H O E U
O B W I D Y W F N D M C
O N O W M X D T D B P D
U E D R A W N I L H O E
T H T X Y I H N N G R N
W T S D A Z V E O J A H
A R A F V V E S S E L S
R A C D P N P S M F E C
D E W E N E R Z G D S R
E I F B L I N D E D T F
```

Trivia Search

122
pg. 126
About one hundred million Bibles are sold or given away each year.

```
Y S A W B O U T R O O M
R T E E R T S H E L F O
O A N P C E M A N S E H
T N E U H N D R E D M L
C D N I U L L I O N B I
E I I E R O T S K O O B
R B L L C E H O T E L R
S A N S H R E S O L O A
H D O S O R G I V E O R
O N A A W A Y E A C H Y
M A L L E T O M H Y C E
E A R C S U I T C A S E
```

123
pg. 127
The Bible never mentions how many wise men visited Jesus.

```
Y T D I V A D H H E G B
E Y R E G N A M C I N D
N T B T L W H E R E I L
R I E I S N N H A R K I
U V E D L R V E E A E H
O I R I E O M L S T E C
J T N N M B T H I S O N
S A T G A H S T F I G O
W N S S C M A E N R Y W
I S A E M E N B V H I S
I T E M A E R D E C D J
E D E P A R T E D S U S
```

124
pg. 128
Over half of the New Testament books are attributed to Paul.

```
O V E R H Y H T O M I T
A L F O P H I L E M O N
N R O M E P I S T L E
O F T A N T I O C H H A
I E N G O S P E L U A S
S N A I T A L A G E W T
R Y T R A M T E S T A M
E L P I C S I D E N T B
V O O K S A T A R S U S
N R U T E R U C R E A T
O T R A P O S T L E I B
C U T E D T O S P A U L
```

125 The longest word in the Bible is Mahershalalhashbaz. *[One of Isaiah's sons]*
pg. 129

126 The King James Bible never mentions the Nile by name.
pg. 130

127 The longest and shortest chapters are both in Psalms.
pg. 131

Puzzle 125
```
T H R E D N U L P E L S
P R O P H E T E S S O U
T H G I E R E T P A H C
N G R N E P E T S S T S
W O E O R H D E E S J A
I J A S H U B R N Y U M
N T H A R H S O R D A
E B R E I R I B E I A D
L E O A A Y E T S A H I
S M L R S A M A R I A A
H E L L I O P S E R S H
A L A L H A S H V B A Z
```

Puzzle 126
```
T H E K I T A E R G N G
J S I R I G I T D E L T A
N I A L P A M E V H S S
F L O W I N G B I C I I
Y A W R E T A W R N H B
L E N E V B E R M A P E
E U P H R A T E S R M S
R O E Y N N T I B B E O
F L O O D K O N R S M U
C A I R O S T H O E N R
I L M A E R T S O E B C
E G Y P T Y N A K M E E
```

Puzzle 127
```
T N H E L D R O L E H T
S I H R O F O R E V E R
O N N G E S T A N D S U
H E O M E R C I F U L T
B E D K I N D N E S S H
L E R S A T C H Y A P E
E N A G R E A T L T E R
S R W S P E O P L E A U
S N O I T A N R A E B D
E O T S E V E N T E E N
D T H I N P S A L M S E
```

128 The Bible was written in Hebrew, Greek, and Aramaic.
pg. 132

129 The Bible was first divided into verses in the fifteenth century. *[Old Testament; New Testament in the sixteenth century]*
pg. 133

130 Obadiah is the only Old Testament book with just one chapter.
pg. 134

Puzzle 128
```
T H E R E C O R D B I R
B L E N T C R E A T E E
E W A W A S W R I T T L
T E N O R O H T U A I A
A N E D O A C C O U N T
L I S T B D O H E B R E
U E I U A R M P O S T W
M G V P L A P R E C E E
R T E L L W O K A R T N
O N R D O U S A R I I T
F A M A C P E I C B D E
E L C I N O R H C E E R
```

Puzzle 129
```
D T E T E X T H E B I B
R L L N A R E T T E L E
O W C E Z A S F I R S T
W D I M N I C L A U S E
V I T G A D H E G A P E
D I R E T N A T O V E R
E G A S S A P S E S I N
T O P I C T T H E F I F
T E P I E C E S A R H P
E M E H T B R A N C H E
N P O R T I O N T H C E
N T U N O I T C E S R Y
```

Puzzle 130
```
O B B H A N O J O E L E
A O H A I M E R E J D Z
S J N M I A H H I S T E
A U E O H E A O N L Y K
M D H S O L B D T E S I
U G E D T H A E S O H L
E E M A A A K S M E A L
O O A I R G U H K W I I
I T H E U A K E H J M N
U S T L T I O R N E C G
H A M U H A N P T E R S
```

131 The word "Bible" comes from the Greek word "biblia," which means "the books."
pg. 135

132 The Bible was written over a sixteen-hundred-year period. *[The exact time period isn't known.]*
pg. 136

133 The word "Lord" appears more often in the Bible than any other noun.
pg. 137

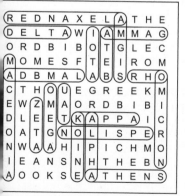

Puzzle 131
```
R E D N A X E L A T H E
D E L T A W I A M M A G
O R D B I B O T G L E C
M O M E S F T E I R O M
A D B M A L A B S R H O
C T H O U E G R E E K M
E W Z M A O R D B I B I
D L E E T K A P P A I C
O A T G N O L I S P E R
N W A A H I P I C H M O
I E A N S N H T H E B N
A O O K S E A T H E N S
```

Puzzle 132
```
T H E B I C L A Y B L W
E S E S O M W A S W R E
M A L A C H I I T T E N
N O V G N I N N I G E B
T A B L E T S E R A S D
I S L L O R C S X T N L
H T N E M A T S E T H O
A A U T H O R E E N O L
R K I N G D O M E H J U
O S P A N U N D N R E A
T A U H S O J D D Y E P
A R P E E M I T R I O D
```

Puzzle 133

```
T H E W D I V A D O Y R
D L O R N D A P P E A A
R M E L A S U R E J D S
M C H I L D R E N O R E
O K I N G F D T E B N I
F N T E Y T N E A R T H
A H H S T H A L I E E B
T J E U I H P S T I B
H E A O C N L O R H E T
E S V H H G H E A R T A
R U E N A S N P E E Y O
T S N H E R N O L N U N
```

229

134
"Goliath, of Gath" • page 138

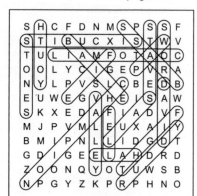

135
Music in the Bible • page 139

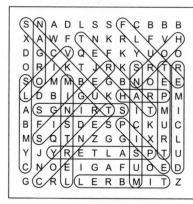

136
Things in a Church • page 140

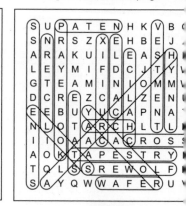

137
"I Am the Way" • page 141

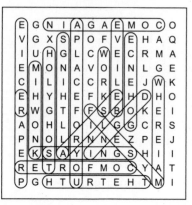

138
"It Is Manna" • page 142

139
Biblical Words II • page 143

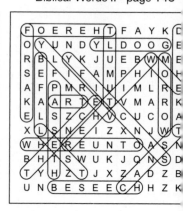

140
JUMBO SEARCH
Kings in the Bible
pages 144-145

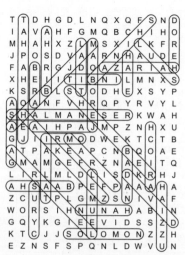

141
Jonah • page 146

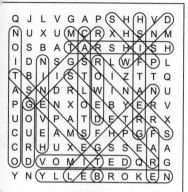

142
"The Wall Fell Down" • page 147

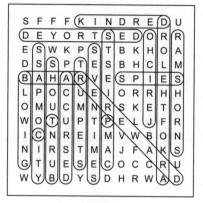

143
With E's • page 148

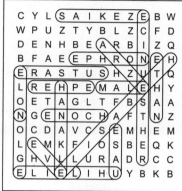

144
The Beatitudes • page 149

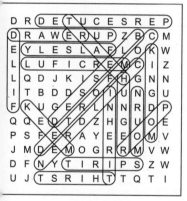

145
"And the Child Grew" • page 150

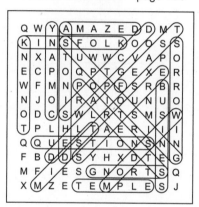

146
Biblical Props • page 151

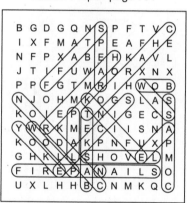

147-154
ONE-WORD SEARCH
pages 152-153

155

"He Was Baptized" • page 154

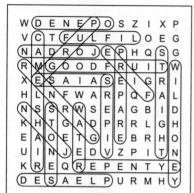

156

Biblical Roles A-L • page 155

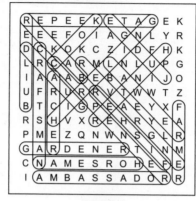

157

Biblical Roles M-Z • page 156

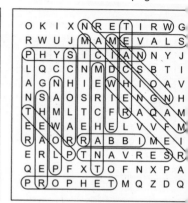

158

"The Lord's Passover" • page 157

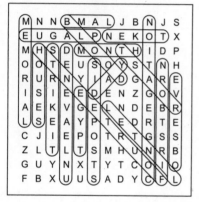

159

"Rise Up and Walk" • page 158

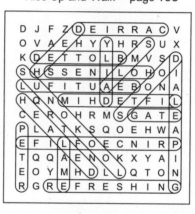

160

Christian ___ • page 159

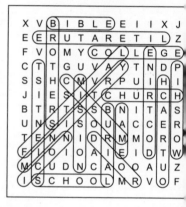

161

JUMBO SEARCH
Good...and...Bad
pages 160-161

Foods of the Bible II • page 162

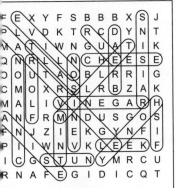

"Make an Offering" • page 163

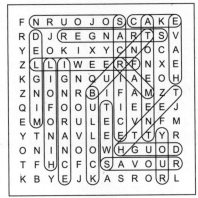

Abraham • page 164

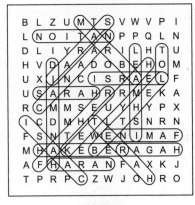

"Under the Law" • page 165

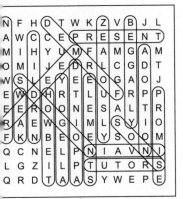

What They Wore • page 166

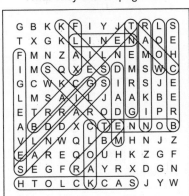

"Christ Is All" • page 167

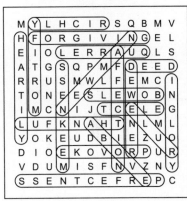

Proverbs Search

168 How much better is it to get wisdom than gold!

pg. 170

```
V U D T E A N F G T P R
C R T B F B X E S V E I
B V H O W M K H S T Z S
A O Q T T U L G T N M I
H R A P R C J E F E N T
B D D O Q H B B K V T R
J L R Q R S S T M O L S
S O P X S T M B W G K Y
J G N N M N E U M E Q W
O S A X R L H G O T O Z
C W H M O D S I W U U Y
D M T K Q K J I W I X S
```

169 The merciful man doeth good to his own soul.

pg. 171

```
S K O T A I V M N Q P F
U R O J N A M M K L A R
J P R D S X J L L R L G
V U K O M Q T U O B E H
X A L E X E E F M P N X
W I E T T D S I E C O L
I E O H N A G C L N A U
M P G M U W U R S A V O
E D O U Z I V E J E L S
I X O U T H E M K P N M
O R D W M C T K J W E R
T Y V T O H I S O Z X R
```

170 Pride goeth before destruction, and an haughty spirit before a fall.

pg. 172

```
N O I T C U R T S E D E
A P Q G F S E H M Y K R
N J H A U G H T Y W O O
D A N J W A V M S Y K F
U J X R E L W L P K P E
X O A V L T L J I Q J B
R M R A E A M I R R H B
T Q F S Q B O T I V T K
S A J K O P U Z T M E N
E E E R O F E B B B O N
N N T L R S Y O N Z G L
C S Z D D P R I D E M V
```

171 Can a man take fire in his bosom, and his clothes not be burned?

pg. 173

```
S N V S R E B R E Q C C
E Z O S B Y U B N D P A
H W N T K T R I O A S N
T F T M L E N O V Q Y A
O I O O A N E T M R M L
L U U P E H D J K A V Z
C S V L L K A W N S P P
U I M R H G L Z T B J T
D H G Y F M O M R A U L
N B H V J S I H P T K K
A M O S O B V N J M J E
J T O G K W T I E R I F
```

172 Open rebuke is better than secret love.

pg. 174

```
M A E R V N O W T Y X A
B U A P P R E T T E B R
W T D J T Z C G B W M S
V L O H X Q R S F X I V
O X A F H G Y F A E T Q
H N R C C D M Z D K R J
S M N R E A X N H U I U
E S G N Q L G V K B O S
C K S E B W T K L E V T
R S Q O H O P E N R M P
E Z R T A N Q T B Z V E
T L O V E P I O N R S J
```

173 A merry heart doeth good like a medicine: but a broken spirit drieth the bones.

pg. 175

```
G H T E O D T Z A H A M
P O S N U G Q R W G V E
O P O J V H G R A W H R
Q M Q D L I K E M E K R
E N I C I D E M A L H Y
B T P M Z C B L M J Q Z
U U P O F W N L E H T H
T U O U S E N O B B Z T
F A V H G Z Q U U X J E
B R O K E N M V O I W I
N M E E U S P I R I T R
T Z A D S P L Y K X T D
```

234

174 Hatred stirreth up strifes: but love covereth all sins.

pg.176

175 A soft answer turneth away wrath: but grievous words stir up anger.

pg.177

176 As a jewel of gold in a swine's snout, so is a fair woman which is without discretion.

pg.178

```
W O M A N Y V M L J A S
R P Q X W H I C H I P A
I J T U O H T I W S R J
A D I S C R E T I O N E
F U U X V R N C X B H W
A U U O S P Q X K X K E
X S I M T G G P F V P L
E M N U S H J A O J O F
K M O L D R I W G M B G
L N K T G Q K M Y V O R
S J U V H V A N H L K Y
S E N I W S M I D G M Z
```

177 A fool's mouth is his destruction, and his lips are the snare of his soul.

pg.179

178 If thou faint in the day of adversity, thy strength is small.

pg.180

179 A man's heart deviseth his way: but the Lord directeth his steps.

pg.181

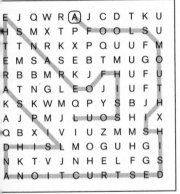

```
Y W T H T G N E R T S Y
X I X B I M K T U G V H
R F K P V S S J J H L T
M G T Q S L M D T K Y Z
Q L H A K C A A Q I T M
W W O N M S L P A R I F
Y V U P U U L A I B S H
M F K Z Q Y O B K E R G
N A Z K U U P Z H C E J
V I P O E D V F D L V U
N N B G H N A G K M D R
O T I N T M E Y O F A G
```

```
A L Y K Z O H F C V J A
X V B A M V L S N A M X
I H W G E G Q H E A R T
J S P E T S J M B N G D
D X P E J M S K N F M E
W V U J Q N K I U U U V
D K U U D E R S H P P I
R D I R E C T E T H J S
O Z G C O H T X J Q R E
L P H M P B B B P W S H T
E H T L M B K A M G I H
V I Z T U B Y L T K B H
```

180 Every way of a man is right in his own eyes: but the Lord pondereth the hearts.

pg.182

181 Whoso boasteth himself of a false gift is like clouds and wind without rain.

pg.183

```
L I K E C M S A K R B T
S G X M L M J W H O S O
I F T Y O T M J N M J B
H T L P U K I D W Q K O
W F M T D V N G I H P A
M I U Z S A R V N L B S
E G Y Q X J Y T D L O T
S P H T U O H T I W F E
L G U R A I N A C B M T
A V F Y X E C D N N J H
F M Z G F L E S M I H K
M A F O J M D M G T E T
```

182
"A Vineyard" • page 184

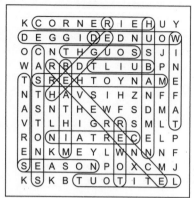

183
John the Baptist • page 185

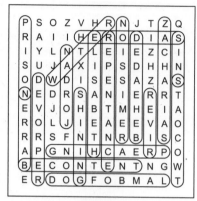

184
Church ___ • page 186

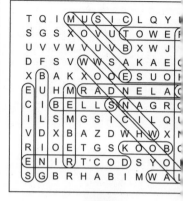

185
"The Lord Is My Rock" • page 187

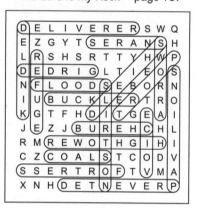

186
Clergy • page 188

187
"Tempted of the Devil" • page 18

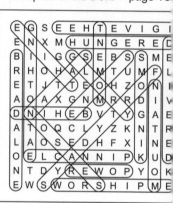

188
JUMBO SEARCH
Women Saints
pages 190-191

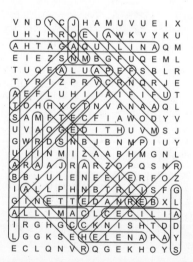

he Price of Wisdom" • page 192

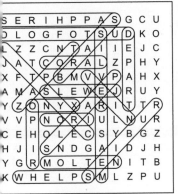

Mary Magdalene • page 193

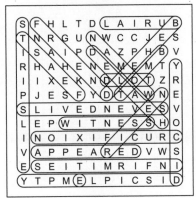

"After the Spirit" • page 194

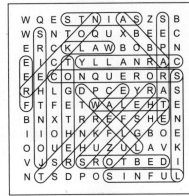

Symbols • page 195

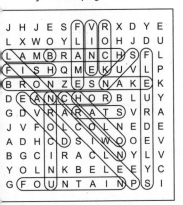

Worship • page 196

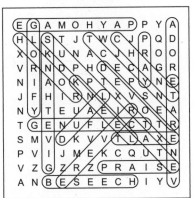

"The Lord's Mercies" • page 197

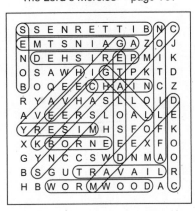

195-202

ONE-WORD SEARCH
pages 198-199

```
I I I B B I B        V R E V R R E        C S T S R C H        T S A T T S A
B I L E I B B        R E E S S V E        C T S S H I S        N N S N A N T
B L L B L E E        R V S E V V E        R C I H C S H        I I T A N S S
B E E B I L L        V E S R E V S        T H R C R H C        A S A I T A I
E L B E I B I        S R V R S S V        C C H I R C I        S S I I S S A
L I I L E I E        S E V V S V R        I H C S C R R        N I S A T A T
E E B E B B E        V E R E V S E        C S S C I H C        T S I I N S S


P A E A P G E        B B O K O B K        Y L O L H H O        N N G K I G I
A G P G A E P        B O K O K K B        H O H L Y H L        G K I G N N K
G A E P E G A        O B B K B K K        L O L Y L O O        K N N N N I K
G G P P G P P        O O K B O O O        H O Y Y L Y H        I I G I K I G
A E G E A G P        K O B B K O K        O L Y L L O H        I K N I I K
G G P A P E P        B O O O K O K        H O H Y O Y L        I G G K I N N
E P E P G E A        K B O K B O B        Y H Y O O H H        K N I K G N G
```

203
"Coat of Many Colours" • page 200

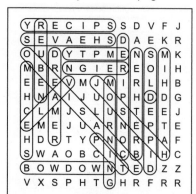

204
House of Worship • page 201

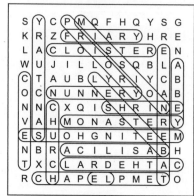

205
"The Coppersmith" • page 202

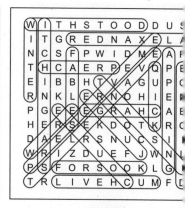

206
___ of God • page 203

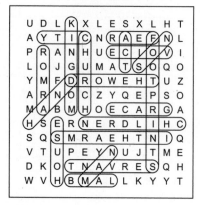

207
"Behold a Ladder" • page 204

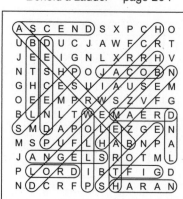

208
Solomon • page 205

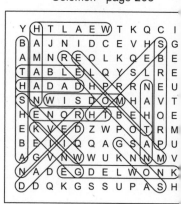

209
JUMBO SEARCH
Resurrection
pages 206-207

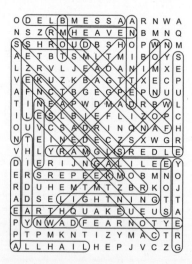

210
A People • page 208

211
"To Sow His Seed" • page 209

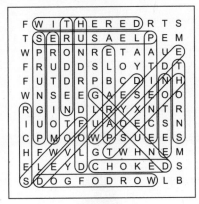

212
"Ye Shall Be Holy" • page 210

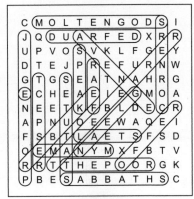

213
Bible Creatures II • page 211

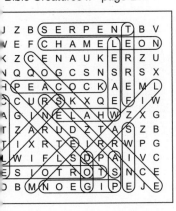

214
Amazing Grace • page 212

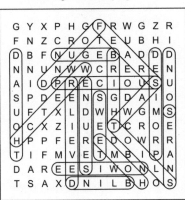

215
"Surely I Come Quickly" • page 213

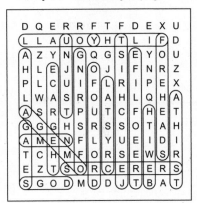

```
P R H N Y B
V C A Y R E
S D M P E L
X J U B I H
E O X S U G
G D A M E N
```

TIME HOME ENTERTAINMENT

Publisher: Jim Childs

Vice President, Business Development & Strategy:
   Steven Sandonato

Executive Director, Marketing Services: Carol Pittard

Executive Director, Retail & Special Sales: Tom Mifsud

Editorial Director: Stephen Koepp

Editorial Operations Director: Michael Q. Bullerdick

Executive Publishing Director: Joy Butts

Director, Bookazine Development & Marketing: Laura Adam

Finance Director: Glenn Buonocore

Associate Publishing Director: Megan Pearlman

Assistant General Counsel: Helen Wan

Assistant Director, Special Sales: Ilene Schreider

Design & Prepress Manager: Anne-Michelle Gallero

Brand Manager: Stephanie Braga

Associate Prepress Manager: Alex Voznesenskiy

Assistant Production Operations Manager: Amy Mangus

Cover design: Anne-Michelle Gallero

Editor, puzzles, interior design: Patrick Merrell

Editorial Assistants: Daniel Feyer, Mary Dee Merrell

Copyright ©2013 Time Home Entertainment Inc.
All Rights Reserved.

ISBN 10: 1-60320-960-3
ISBN 13: 978-1-60320-960-1

Published by Time Home Entertainment Inc.
135 West 50th Street
New York, New York 10020

Special Thanks To:

Katherine Barnet
Jeremy Biloon
Susan Chodakiewicz
Rose Cirrincione
Lauren Hall Clark
Jacqueline Fitzgerald
Nina Fleishman
Christine Font
Jenna Goldberg
Hillary Hirsch
David Kahn
Suzanne Janso
Robert Marasco
Kimberly Marshall
Douglas Merrell
Gregory Merrell
Amy Migliaccio
Nina Mistry
Dave Rozzelle
Ricardo Santiago
Adriana Tierno
Vanessa Wu

We welcome your comments and suggestions about
Time Home Entertainment Books. Please write to us at:

Time Home Entertainment Books
Attention: Book Editors
PO Box 11016
Des Moines, IA 50336-1016

If you would like to order any of our hardcover Collector's Edition books,
please call us at 1-800-327-6388.
(Monday through Friday, 7:00 a.m.– 8:00 p.m. or Saturday, 7:00 a.m.– 6:00 p.m. Central Time).